Benjamin Creme
Der Lehrer der Menschheit

Der Lehrer der Menschheit

Benjamin Creme

Edition Tetraeder

Titel der englischen Originalausgabe:
The World Teacher for All Humanity
by Benjamin Creme
First Edition – June 2007
Share International Foundation
London • Amsterdam • Los Angeles

Das Bild auf der Umschlagseite ist die Reproduktion eines Gemäldes von Benjamin Creme aus dem Jahr 1964 mit dem Titel *Invokation*.

Bibliografische Informationen der Deutschen Bibliothek
Die Deutsche Bibliothek verzeichnet diese Publikation in der Deutschen Nationalbibliografie; detaillierte bibliografische Daten sind im Internet unter <http://dnb.ddb.de> abrufbar.

ISBN 978-3-932400-12-4

1. Auflage: Mai 2010

Druck: Offset Druckerei Pohland, Augsburg
Umschlag: Druck & Verlag Schickinger, Augsburg

Dieses Buch ist meinem verehrten Meister gewidmet,
der mich durch seine Präsenz – auf dem Wege der
Überschattung – dazu inspiriert hat.

Inhalt

Benjamin Creme

Vorwort

Während Maitreya im Begriff ist, seine Tätigkeit als Weltlehrer offiziell aufzunehmen, haben wir in diesem Buch die Hintergründe dieses bedeutsamen Ereignisses zusammengefasst. Es basiert auf dem Vortragsthema der Share-International-Tagungen, die im August 2004 in den USA, in der Nähe von San Francisco, und im September in den Niederlanden stattfanden. An den Vortrag, der im Wesentlichen ein Kommentar zu einigen Artikeln meines Meisters ist, die er zwischen 1987 und 2002 für die Zeitschrift *Share International* geschrieben hat, schließen sich Fragen (von beiden Tagungen) an sowie eine Zusammenstellung aus öffentlichen Vorträgen, die ich 2003 und 2006 in Japan, in Tokio und Osaka, gehalten habe. Dieses Buch wirft nicht bloß einige Streiflichter auf das Thema, sondern bietet einen ausführlichen Bericht über die vielfältigen Auswirkungen dieser denkwürdigen planetaren Entwicklung.

Es beschreibt die geplante Rückkehr der geistigen Hierarchie unseres Planeten sowie den Abstieg Maitreyas von seinem bisherigen Aufenthaltsort im Himalaja im Juli 1977 und sein Wirken in der Welt, dem er sich seitdem, allerdings noch hinter den Kulissen, gewidmet hat. Es behandelt auch die gewaltigen Veränderungen, die seine Anwesenheit bereits ausgelöst hat, und seine Pläne und Projekte, seine Prioritäten und Empfehlungen für die unmittelbare Zukunft. Es zeigt ihn als großen und mächtigen Avatar und gleichzeitig als Freund und Bruder der Menschheit.

Maitreyas Vorschläge werden die Menschheit vor eine Wahl stellen: Entweder wir ignorieren seine Empfehlungen und fahren mit unserer gegenwärtigen Lebensweise fort – die in Selbstzerstörung mündet – oder wir nehmen seinen Rat dankbar an und führen ein neues System des Teilens und der Gerechtigkeit ein, das uns eine friedliche und glückliche Zukunft garantiert und den Aufbau einer Zivilisation ermöglicht, die sich auf der inneren Vollkommenheit aller Menschen gründet. Maitreya zweifelt nicht daran, welche Entscheidung wir treffen werden und freut sich darauf, seine Aufgabe, uns zu helfen, bald auch offiziell ausführen zu können.

Benjamin Creme
London, März 2007

Vortrag von Benjamin Creme in Osaka, Japan, 2006

Die Ankunft des Weltlehrers – ein Überblick

Der folgende Artikel ist eine Zusammenstellung aus Benjamin Cremes öffentlichen Vorträgen in Tokio 2003 und in Osaka 2006 und gibt einen Überblick über die Ankunft des Weltlehrers und der Meister der Weisheit.

Einige Aspekte dieser Informationen sind bereits bekannt oder, falls nicht, so doch jederzeit nachzulesen. Sie wurden seit 1875 in vielen Sprachen veröffentlicht und verbreitet und stehen jedem zur Verfügung, der sich die Mühe machen möchte, sie zu lesen. Die ersten Informationen in diesem Zusammenhang wurden von Helena Petrovna Blavatsky verbreitet, Gründerin der Theosophischen Gesellschaft und eine bedeutende Jüngerin. Sie lebte drei Jahre lang mit den Meistern, von denen ich noch sprechen werde, im Himalaja zusammen. Ihre Arbeit wurde 1924 von Helena Roerich, einer anderen großen russischen Jüngerin, mit der Herausgabe der Agni-Yoga-Lehren und zwischen 1919 und 1949 von Alice A. Bailey fortgesetzt, einer großen englischen Jüngerin.

Es war mir möglich, diese Lehren auf den neuesten Stand zu bringen und die weitere Entwicklung der geplanten Rückkehr der Meister in unsere Alltagswelt zu verfolgen und zu beschreiben. Dabei berufe ich mich auf meine persönlichen Erfahrungen und Kontakte. Aber ich erwarte nicht, dass Sie mir glauben. Ich biete Ihnen diese Informationen lediglich zur Erwägung an. Wenn sie Ihnen einleuchtend und vernünftig erscheinen, auch im Hinblick auf das aktuelle Weltgeschehen und auf Ereignisse, die schon seit vielen Jahren zu beobachten sind, das heißt also, wenn Sie sie für wahrscheinlich halten, dann dürfen Sie mir natürlich glauben, ansonsten lassen Sie es. Ich bin mir vollkommen darüber im Klaren, dass vieles, was ich Ihnen erzählen werde, manchen vielleicht fremd und unglaublich erscheinen mag. Wenn das der Fall sein sollte, dann seien Sie bitte versichert, dass ich deshalb nicht im Geringsten beleidigt oder gar enttäuscht sein werde. Doch wenn Sie aufgrund dieser Geschichte eine bessere Zukunft für sich und Ihre Kinder erhoffen, bin ich vollkommen zufrieden.

Spannungen und Krise

Was die Welt jetzt braucht, ist die Befreiung von Angst und die Erneuerung der Hoffnung. Wir befinden uns in der schwersten Periode weltpolitischer Spannungen seit dem Ende des Kalten Krieges. Diese besondere Periode der Krise begann am 11. September 2001.

An diesem Tag wurden Terroranschläge auf das World Trade Center in New York und das Pentagon in Washington sowie ein vereitelter Anschlag auf das Weiße Haus verübt. Es war nicht nur ein Angriff auf die Vereinigten Staaten, sondern vor allem auf die Macht der USA, die durch das Pentagon und das Weiße Haus repräsentiert wird, und mit dem Anschlag auf das World Trade Center auch auf die mächtigen Industrienationen der Welt. Dieser furchtbare Anschlag überraschte und erschütterte Amerika und die ganze Welt. Seitdem befindet sich die Welt in einem Schockzustand. Ich würde allerdings behaupten, dass es die Welt eigentlich nicht überrascht haben dürfte. Es war einer der gewagtesten, dreistesten und bestorganisierten Angriffe auf die westliche Welt.

Der Anschlag hatte einen militärischen Angriff auf Afghanistan zur Folge, bei dem mehr unschuldige Bürger Afghanistans getötet wurden als bei dem Anschlag auf das World Trade Center am 11. September. Darauf folgte der amerikanische und britische Angriff auf den Irak und die immer noch anhaltende Besetzung des Landes, in deren Verlauf Hunderttausende unschuldige irakische Bürger ihr Leben verloren haben.

Amerikanische, britische und andere Regierungen haben nicht erkannt, dass die Anschläge auf das World Trade Center und das Pentagon sowie der vereitelte Anschlag auf das Weiße Haus eine Ursache haben. Es handelt sich um die Wirkung einer Ursache. Mit anderen Worten, es ist ein karmischer Prozess. Es ist eine Folge des Karmagesetzes, des Gesetzes von Ursache und Wirkung.

Die Ursache ist komplex, doch etwas vereinfacht beschrieben, ist es der extreme Unterschied der Lebensstandards zwischen den Industrienationen der westlichen Welt und den Entwicklungsländern. Ein Drittel der Welt – hauptsächlich die USA, Europa, Japan, Australien und Kanada – reißen drei Viertel der Nahrung der Welt und etwa 83 Prozent aller anderen Ressourcen an sich und verschwenden sie in ihrer Gier. Die Entwicklungsländer, die sogenannte Dritte Welt – also zwei Drittel der Weltbevölkerung – muss mit dem Rest auskommen.

Diese Spaltung ist das Ergebnis von Gier, Mangel an Mitgefühl und Selbstgefälligkeit. Das ist unfair und außerordentlich gefährlich für die Sicherheit der Welt. Die Entwicklungsländer werden sich nicht für immer mit dieser Situation abfinden. Sie werden ihren fairen Anteil an den Ressourcen der Welt verlangen. Die ersten Schritte, die in eine solche Richtung weisen, waren die Anschläge auf die USA. Die größte Gefahr für die Welt war weder der Irak mit seiner Diktatur noch der Iran mit seiner fundamentalistisch-muslimischen Haltung und seinem mangelnden Respekt gegenüber Amerika noch Nordkorea mit seinem militärischen Potenzial. Die größte Gefahr liegt in der Diskrepanz der Lebensstandards zwischen den Industrieländern und den Entwicklungsländern.

Die Menschheit lässt sich viel Zeit, diese Problematik, das heißt die wahren Probleme zu erkennen, die sie heute so sehr bedrängen. Aber solange sie sie nicht versteht, wird es keine Hoffnung für die Zukunft der Erde geben. Die Spannungen, die aus dieser Diskrepanz der Lebensstandards herrühren, tragen den Keim zu einem dritten Weltkrieg in sich. Dieser Krieg würde nuklear geführt und alles Leben auf dem Planeten zerstören.

Ich bin von Natur aus sehr optimistisch. Ich neige dazu, eher die hellere Seite des Lebens zu sehen, und lasse mich nicht von allzu trüben Gedanken über die Zerstörung der Welt leiten. Aber wenn ich nicht wüsste, was ich weiß, hätte ich wenig Hoffnung, dass die Menschheit überlebt, dass sie sich noch rechtzeitig der realen Probleme, die sie bedrängen, bewusst wird und sich ändert. Ich zweifle sehr daran, dass wir es tun würden, wenn wir auf uns selbst gestellt wären.

Glücklicherweise glaube ich nicht, dass wir allein und ohne Hilfe, ohne Orientierung sind. Seit den frühesten Tagen der Menschheit steht uns eine Gruppe von Menschen zur Seite, die außerordentliche Erkenntnisse und große Weisheit besitzen und die Meister der Weisheit genannt werden – die geistige Hierarchie unseres Planeten.

Die Meister der geistigen Hierarchie

Diese Gruppe von Menschen ist uns in der Entwicklung voraus. Sie haben bereits ein Stadium erreicht, mit dem sie keiner weiteren Inkarnationserfahrungen auf der Erde mehr bedürfen, aber sie bleiben dennoch hier – als „innere Regierung" der Welt. Die Meister sind die Hüter des Evolutionsplanes, der die Menschheit voran und aufwärts treibt, auch wenn wir uns dessen vielleicht nicht bewusst sind. Dadurch, dass sie uns leiten, beschützen und den evolutionären Fortschritt aller Menschen stimulieren, haben sie die Menschheit vom Zustand des frühen Tiermenschen bis zu dem Stadium geführt, in dem wir uns heute befinden.

Schon in früheren Zeiten waren sie gelegentlich öffentlich tätig, doch in den vergangenen 98.000 Jahren haben sie, von wenigen Ausnahmen abgesehen, in den entlegenen Gebirgs- und Wüstenregionen der Erde gelebt – im Himalaja, den Anden, den Rocky Mountains, den Karpaten, dem Ural, der Gobi und anderen Wüsten. Von diesen Gebirgs- und Wüstenregionen aus haben sie die Menschheit mit ihrer Liebe und ihrer Weisheit auf dem Evolutionspfad begleitet, indem sie hauptsächlich durch ihre Jünger, das heißt durch einige Männer und Frauen in der Welt wirkten.

Seit mehr als 500 Jahren ist den Meistern bewusst, dass sie früher oder später in die Alltagswelt würden zurückkehren müssen, und wir dann wissen, wer sie sind. Dieser Schritt gehört zu ihrer eigenen Evolution und hat mit der allgemeinen menschlichen Evolution zunächst nichts zu tun. Die einzige Frage war nur, wann die Menschheit für die Rückkehr solcher spiritueller Giganten in die Alltagswelt bereit wäre. Bis vor relativ kurzer Zeit dachte man, dass es wahrscheinlich noch etwa 1200 bis 1300 Jahre dauern würde, bis wir in der Lage wären, mit Menschen von dieser spirituellen Potenz tagtäglich zusammenzuarbeiten.

Aber im Juni 1945, am Ende des Zweiten Weltkriegs, gab Maitreya, das Oberhaupt und der Leiter dieser Gruppe vollkommener Menschen seine Entscheidung bekannt, zum frühestmöglichen Zeitpunkt, zusammen mit mehreren anderen Meistern, in die Welt zurückzukehren. Maitreya sagte, dass er kommen werde, wenn sich ein gewisses Maß an Frieden in der Welt abzeichnen würde, wenn die Energie, die wir den guten Willen nennen, den die Meister als den niedersten Aspekt der Liebe betrachten, spürbar wäre und die Entwicklung richtiger menschlicher Beziehungen fördern würde, und wenn die religiösen und politischen Kreise ihre Angelegenheiten ordnen würden. Diese Bedingungen müssten nicht schon vollkommen erfüllt sein, doch wenn sich unsere Vorstellungen zumindest in diese Richtung bewegten, sagte Maitreya, werde er ganz sicher zum frühestmöglichen Zeitpunkt zurückkehren.

Die Wiederkehr Maitreyas wurde vor 2600 Jahren von Gautama Buddha vorausgesagt. Er hatte angekündigt, dass zu dieser Zeit ein anderer großer Lehrer kommen werde, ein Buddha wie er selbst mit dem Namen Maitreya, der kraft seiner unvorstellbaren spirituellen Größe die Menschheit dazu anfeuern und inspirieren werde, eine glanzvolle, goldene Zivilisation aufzubauen, die, wie er es nannte, auf Rechtschaffenheit und Wahrheit gegründet wäre.

Jede Manifestation eines großen Lehrers geschah seit Anbeginn der Zeit durch Überschattung eines Jüngers. Es sind geschichtliche Gestalten wie Herkules, Hermes, Rama, Mithra, Vyasa, Konfuzius, Zarathustra, Krishna, Shankaracharya, Gautama, Jesus und Mohammed. Sie alle waren Jünger, die von diesem Lehrer persönlich überschattet wurden. Genauso wie der Buddha durch den Prinzen Gautama wirkte, so wirkte auch Maitreya in Palästina durch Jesus von Nazareth.

Maitreya ist die Verkörperung des sogenannten Christusprinzips, der Energie der Liebe. Maitreya ist so hoch entwickelt, so makellos, dass er die Energie der Liebe, den zweiten Aspekt Gottes, nicht nur weiterleiten, sondern auch in sich verkörpern kann. Mit Jesus demonstrierte er zum ersten Mal in einem Menschen diese Liebe Gottes in Vollendung, so wie der Buddha mit dem Prinzen Gautama zum ersten Mal in einem Menschen den Weisheitsaspekt Gottes in Vollendung demonstrierte.

Nun ist zum ersten Mal in der Geschichte der Lehrer persönlich in die Welt gekommen. Maitreya ist das Oberhaupt und der Leiter seiner Gruppe von Jüngern, der Meister der Weisheit, und hat das Amt des Weltlehrers inne. Er hat dieses Amt seit zweitausend Jahren, seitdem er sich durch Jesus manifestierte, und wird der Weltlehrer für diese kommende Epoche, das Zeitalter des Wassermanns sein, das jetzt beginnt und etwa 2350 bis 2500 Jahre dauern wird.

Jahrtausendelang lebte Maitreya zurückgezogen hoch oben im Himalaja. Am 19. Juli 1977 aber kam er in unsere Alltagswelt – wenngleich er sich auch zuvor nie von der Welt entfernt hatte. Am 8. Juli stieg er in einem selbst erschaffenen Körper, den er speziell für diese Aufgabe in der Welt kreiert hatte, von seinem Aufenthaltsort in den Bergen herab. Dieser Körper ist so beschaffen, dass er darin auf unserer Seinsebene leben kann und gleichzeitig genug Sensitivität besitzt, um sein Bewusstsein als Weltlehrer in die Welt hineinzutragen. Um den Körper zu akklimatisieren, hielt Maitreya sich zunächst einige Tage lang in Pakistan auf und kam am 19. Juli per Flugzeug nach London. Er hat die asiatische Gemeinde in London zu seinem, wie er es nennt, „Fokus" in der modernen Welt gemacht.

Beginn eines neuen Zeitalters

Was meine ich mit dem kommenden Zeitalter des Wassermanns? Lassen Sie es mich in astronomischen Begriffen erläutern, weil es eine astronomische Tatsache ist, dass wir in ein neues Zeitalter eintreten. Das Sonnensystem, dem wir angehören, macht eine Reise durch den Weltraum, bei der es in einem Zyklus von 25.000 bis 26.000 Jahren einmal alle zwölf Tierkreiszeichen durchwandert. Das heißt, dass unsere Sonne sich jeweils etwa 2150 Jahre im energetischen Einflussbereich eines dieser Sternbilder befindet. Diese Perioden bezeichnen wir als Zeitalter des jeweiligen Tierkreiszeichens.

In den letzten 2150 Jahren war diese Verbindung vom Sternbild der Fische geprägt. Wir befanden uns im Zeitalter der Fische, das jetzt zu Ende gegangen ist. Die Sonne hat sich aus dem Einflussbereich der Energien der Fische herausbewegt und tritt jetzt in den Einflussbereich des Wassermann-Sternbilds ein und kommt daher in Verbindung mit den Wassermann-Energien. Seit 1625 begannen die Fische-Energien sich zurückzuziehen und ab 1675 fingen die Wassermann-Energien an, auf unseren Planeten einzuwirken. Zurzeit besteht eine Art Gleichgewicht.

Die Fische-Energien und die Wassermann-Energien sind, was ihren Einfluss auf uns betrifft, jetzt mehr oder weniger gleich stark, und das ist unser Problem. Die Fische-Energien werden zurückgezogen und hinterlassen nun sämtliche Strukturen, die unter ihrem Einfluss gebildet wurden: im politischen, wirtschaftlichen, religiösen, sozialen, wissenschaftlichen, kulturellen Bereich, im Erziehungswesen und so weiter. Alle diese Strukturen sind inzwischen erstarrt. Sie sind noch vorhanden, aber nicht mehr von der Energie beseelt, mit der sie geschaffen wurden, und erfüllen daher nicht mehr ihren Zweck. Unsere Reaktionsweise auf die Fische-Energien hat bewirkt, dass die Welt dadurch sozusagen vollständig in winzig kleine Fragmente zerlegt wurde.

Die Wassermann-Energien, die mit jedem Tag, der verstreicht, an Stärke zunehmen, wirken sich in ganz anderer Weise auf die Menschheit aus. Sie sind die Energien der Synthese. Während die Fische-Energien die Welt gespalten haben, werden die Wassermann-Energien das Miteinander fördern und die Menschen zu einer großen Gruppe verschmelzen.

Am Anfang eines jeden neuen Zeitalters kommt seit Anbeginn der Zeit ein Lehrer der geistigen Hierarchie der Meister in die Welt, um diese Epoche einzuleiten und die Ideen einzuführen, die der Menschheit neuen Auftrieb und neue Impulse geben, sie in ihrer Entwicklung weiterbringen und Verhältnisse schaffen sollen, in denen diese Entwicklung möglich werden kann.

Frieden schaffen

Maitreya will der Menschheit die Gefahren, vor denen sie steht, bewusst machen und ihr zeigen, wie sie ihre Selbstzerstörung vermeiden kann. Maitreya sagt, das sei für die Menschheit wirklich sehr leicht, wenn wir nur den ersten Schritt machen würden.

Die Menschheit muss vor allen Dingen Frieden schaffen. Ohne Frieden kann es keine Zukunft geben, weil wir die nukleare Kapazität besitzen, die Welt und alles Leben, das menschliche, das tierische und pflanzliche gleichermaßen zu zerstören. Wie schaffen wir Frieden? Das ist die entscheidende Frage. Gewiss nicht mit den Methoden wie sie die amerikanische und britische Regierung in der letzten Zeit angewandt haben, indem sie ein Land nach dem anderen angriffen. Das wird der Welt sicher keinen Frieden bringen. Es wird nicht einmal den Terrorismus in der Welt beenden. Der Terrorismus wird nicht aufhören, solange die Welt sich nicht geändert hat.

Das Einzige, was zum Frieden führen und das Ende des Terrorismus bewirken kann, ist, eine gerechte Welt zu schaffen. Wenn es keine Gerechtigkeit gibt, wird es niemals Frieden geben. Wenn es keine Gerechtigkeit gibt, wird es für keinen von uns noch Hoffnung geben, weil wir ohne Gerechtigkeit in der Welt alle sterben werden. Es gibt nur einen Weg, um Gerechtigkeit zu schaffen, und der besteht darin, die Ressourcen der Welt gerechter zu teilen. Es ist eigentlich so einfach, und doch tun wir es nicht. Ohne Teilen wird es niemals Gerechtigkeit geben. Ohne Gerechtigkeit wird es niemals Frieden geben. Ohne Frieden wird es für uns keine Zukunft geben.

Was müssen wir also tun? Die Industriestaaten müssen erkennen, dass die Nahrung und die Ressourcen der Welt allen gehören und aus göttlicher Vorsehung allen Menschen dieser Welt zur Verfügung gestellt wurden – nicht nur den Industrieländern, die das Geld haben, um Nahrung und Ressourcen zu kaufen. Sie haben das Geld dazu, weil sie vielleicht in ihrer technologischen und industriellen Entwicklung fortgeschrittener sind. Aber die Güter, die sie produzieren, zeugen nicht von Wertschätzung gegenüber den Ressourcen und Tätigkeiten der Menschen in der Dritten Welt. Ein solches Verhalten ist leichtfertig, verlogen, gierig und egoistisch und muss sich ändern, sonst gibt es für die Welt keine Zukunft mehr.

Die Meister der geistigen Hierarchie haben Pläne für die Neuverteilung der Weltressourcen erarbeitet und werden sie vorlegen, sobald die Menschheit sagt: „Ihr habt recht. Wir glauben, dass der einzig gangbare Weg im Teilen der Ressourcen besteht. Wie machen wir das?"

Es ist ganz einfach. Wahrscheinlich ist der erste Schritt in Richtung Teilen der einfachste. Die Menschen denken dabei nur an ihre rein persönlichen Belange. Sie sagen: „Ach, du meine Güte! Teilen? Werden sie sich mein Geld von meinem Bankkonto holen und es nach Indonesien oder nach Afrika an irgendwelche Menschen schicken, die ich nicht kenne?" In Wirklichkeit aber wird es ganz anders vor sich gehen, nämlich auf nationalen und internationalen Ebenen.

Jede Nation wird gebeten, eine Inventur dessen zu machen, was sie hat und was sie braucht, was sie herstellt und was sie importiert. Dann wird jede Nation gebeten, das, was sie mehr besitzt, als sie braucht, in einen gemeinsamen, treuhänderisch für die Welt als Ganze verwalteten Fonds zu geben. Aus diesem Fonds lassen sich die Bedürfnisse aller decken. Wird das den Terrorismus in der Welt beenden? Möglicherweise nicht sofort. Aber es ist ein erster Schritt auf dem Weg zu Gerechtigkeit in der Welt und die wesentliche Voraussetzung für jenes korrekte Verhalten, das wir Vertrauen nennen.

Wenn wir Vertrauen herstellen, können wir Wunder bewirken. Wir können Dinge tun, die ohne Vertrauen unmöglich wären. Wenn Länder sich gegenseitig vertrauen, können sie ohne Angst miteinander sprechen. Wenn wir durch das Teilen der Ressourcen eine Vertrauensbasis schaffen, können wir allmählich alle Probleme der Welt, eines nach dem anderen lösen. Sie werden verständlicher und dadurch leichter zu bewältigen sein, sodass die Welt sehr schnell verändert werden könnte.

Mit diesem Vertrauen, das auf Teilen basiert, können wir die gegenwärtige Situation – die Wut und die Empörung vieler Menschen – überwinden. Die Menschen fühlen sich ungerecht behandelt und sehen keinen Weg, wie sie ihren Kindern ein anständiges Leben bieten können. Daher wenden sie sich, zumindest einige von ihnen, dem Terrorismus zu.

Maitreyas Lehre

Maitreya demonstriert und bekräftigt in seiner Lehre den inneren Zusammenhang aller Dinge in der Welt. Darauf beruht auch das Karmagesetz, das Gesetz von Ursache und Wirkung. Vor kurzem gab es im Osten der Vereinigten Staaten ein Erdbeben von der Stärke 4,9 – in einem Gebiet, in dem normalerweise keine Erdbeben vorkommen. Im mittleren Westen, in Kansas und den zentralen Bundesstaaten wüteten tagelang Hunderte von Tornados, die eine 400 Meilen lange Schneise der Zerstörung hinterließen und viele Menschenleben forderten.

Man nennt das Naturgewalten oder höhere Gewalt. Aber in diesem Fall war es eine Folge des Karmagesetzes. Die Krise, die sich zum Beispiel in der SARS-Infektion in China und anderswo oder in den Grippeepidemien in Europa manifestierte, ist die direkte Folge der Angst, die von den USA durch ihre militärischen Angriffe auf Afghanistan und den Irak und den damit geschaffenen Krisensituationen erzeugt wurde. Es geht dabei nicht um die Frage, ob Gott den Aggressor bestraft. Vielmehr handelt es sich um das einfache Gesetz, das besagt, dass alle Atome im Universum miteinander verbunden sind. Alles, was irgendwo geschieht, setzt etwas in Gang, das sich aufgrund des Gesetzes von Ursache und Wirkung unausweichlich anderswo niederschlagen wird.

Wenn die Menschheit dieses Gesetz, das Gesetz des Karmas, wirklich begreift, nicht nur als eine intellektuelle Vorstellung versteht, wird sie sehen, dass jeder Gedanke, jede Handlung eine Ursache oder Ursachen in Bewegung setzt. Die Wirkungen, die von diesen Ursachen herrühren, bestimmen unser Leben – zum Guten oder zum Schlechten.

Die Notwendigkeit friedfertigen Verhaltens in jeder Lebenslage wird hier offenkundig. Wenn wir handeln, müssen wir wissen, welche Wirkungen diese Handlung haben könnte. Wenn die Handlung destruktiv ist, erzeugt sie in der Welt Zerstörung. Wenn die Handlung nicht destruktiv ist, wenn sie kreativ ist und keinen Schaden verursacht, schafft sie Gutes in der Welt.

Unsere Evolution liegt ganz in unserer Hand. Wir sind dafür verantwortlich. Jede Tat, jeder Gedanke ist Teil der Gedanken und Taten der ganzen Menschheit und wirkt sich auf die ganze Menschheit aus. Wir können uns nicht vorstellen, welche Reichweite unsere Gedanken haben können, bis sie als Wirkung einer Ursache zu uns zurückkehren. Wenn die Gedanken und Aktionen der Menschheit destruktiv sind, wenn wir

Gedankenformen erzeugen, die Zerstörung, Angriff, Töten und Angst zum Inhalt haben, schaffen wir dadurch Gedankenformen, die sich auf die Naturkräfte auswirken. Diese Kräfte werden von den Deva- oder Engelevolutionen gelenkt. Sie kommen aus dem Gleichgewicht, wenn wir aus dem Gleichgewicht sind, und das hat Erdbeben, Tornados, Überschwemmungen und Taifune zur Folge.

Wir müssen damit beginnen, integrativer, ganzheitlicher zu denken, das heißt, die Verbindungen zwischen den Ereignissen zu sehen, und nicht alles in einzelne Kategorien einordnen, sodass ihr Zusammenhang verloren geht. Alles hängt mit allem zusammen. Alles beeinflusst alles andere. Wir müssen lernen, bei der Frage, wie wir leben wollen, auf unsere Gefühle und Intuitionen zu hören und intelligent zu reagieren. Wenn wir auf unsere Intuition, auf unser Herz hören, können wir lernen, wie wir leben können, ohne jemanden zu verletzen oder zu schädigen und ohne dieses gierige, egoistische, antagonistische Tauziehen zwischen uns und der Gesellschaft, zwischen unserem und einem andern Land zu verursachen.

Jeder Mensch in der Welt, ohne Ausnahme, sucht und sehnt sich nach dem Gefühl der Einheit, nach Zusammengehörigkeit. Ein Gleichgewicht spiegelt die zugrunde liegende Einheit aller Menschen wider. Aber unsere moderne Welt ist auf Wettbewerb, dem Gegenteil von Gleichgewicht, aufgebaut. Sie müssen immer der Erste sein und alles besser, billiger, schneller, aggressiver als jemand anderer machen. Ein jeder ist im Wettbewerb gefangen und lässt seiner Intuition keinen Raum, um zu atmen, sich zu entfalten und ihm das Gefühl für seine eigene Sehnsucht nach Einheit zu vermitteln. Wir sind alle im Wettbewerb gefangen, aber das, was wir brauchen, ist Kooperation. In der Zusammenarbeit spiegelt sich die Sehnsucht nach Einheit, die Sehnsucht nach Gleichgewicht wider, die der einzig mögliche und kreative Weg ist, um in der Evolution weiterzukommen.

Zusammenarbeit erfordert Bewusstsein. Wir müssen uns dessen bewusst sein, was mit uns geschieht. Wenn wir das nicht sind, werden wir zu einer Maschine – feindlich und destruktiv –, das Gegenteil dessen, was wir brauchen und was wir sind: kooperative, kreative Menschen, die sich danach sehnen, kooperativ mit anderen zusammenzuarbeiten und die Einheit der Welt zu demonstrieren. In gewisser Weise hat dieses Ideal jeder, ohne Ausnahme, weil wir alle Teil der einen, unteilbaren Menschheit sind.

Maitreyas Rückkehr in das öffentliche Leben

Maitreya wartet in seiner Eigenschaft als Weltlehrer auf eine günstige Gelegenheit, um seine Lehre der Menschheit persönlich vorzustellen. Zwischen 1988 und 1991 traf er eine Reihe von Vorhersagen über Weltereignisse, die uns zur Veröffentlichung in unserer Zeitschrift *Share International* (*) übergeben wurden. Eine der ersten dieser Voraussagen war, dass es einen Börsenkrach geben werde, der in Japan beginnen werde. Das schien zu dieser Zeit eine erstaunliche Behauptung zu sein. Mitte 1988 stand der Nikkei im Durchschnitt bei 40.000 Punkten. Doch 1990 begann er zu fallen. Und die Japaner, die sich damit auskennen, sagten, wenn er auf 18.000 Punkte heruntergehe, bedeute dies das Ende. Er fiel auf 10.000 und dann auf 7000 Punkte. Das hatte einen Dominoeffekt, der alle Länder des pazifischen Raumes in Mitleidenschaft zog. Der japanische Börsenkrach stürzte Malaysia, Indonesien, Hongkong und Singapur in eine tiefe Wirtschaftskrise. Dann folgten Russland, Brasilien und Argentinien.

Die Börsen in Amerika und in Europa schwankten, sie gingen rauf und runter, brachen aber nicht zusammen wie in Japan. Maitreya wartet auf den Zusammenbruch der amerikanischen und europäischen Volkswirtschaften, ehe er an die Öffentlichkeit tritt, um sich der Welt vorzustellen und mit seiner öffentlichen Lehrtätigkeit zu beginnen. Aber die Zustände in der Welt sind aufgrund der gewaltigen Spannungen und Ängste so kritisch geworden, dass Maitreya bestrebt ist, so schnell wie irgend möglich anzutreten. Er ergreift jede Gelegenheit, um sich sowohl den Gruppen, die seine Rückkehr mit vorbereiten, als auch vielen anderen Menschen in der ganzen Welt zu zeigen und ihnen immer näherzukommen.

Er spricht mit Menschen aus allen Gesellschaftskreisen, mit ganz gewöhnlichen Leuten und auch besonders fähigen Menschen in allen Positionen und allen Bereichen – im politischen, wirtschaftlichen, sozialen, wissenschaftlichen Bereich, im Erziehungswesen und weiteren. Es sind Menschen, die helfen und das Gute in der Welt fördern können. Auf diese Weise hat er einen großen Kreis von Menschen versammelt, die in allernächster Zukunft die für eine Verbesserung der Zustände in der Welt notwendigen Veränderungen in Angriff nehmen werden.

Wenn Maitreya an die Öffentlichkeit tritt, wird er zunächst nicht den Namen Maitreya verwenden. Er wird als ganz normaler, aber sehr bemerkenswerter Mensch auftreten – zuerst in einem landesweiten Fernsehsender in den USA, dann in Japan und in der ganzen Welt. Er wird wegen seiner Analyse der Weltsituation allmählich bekannt werden. Halten Sie nach einem Mann Ausschau, der Gerechtigkeit und Freiheit für die ganze Welt fordert.

Wenn genug Menschen auf das, was er zu sagen hat, reagieren, wird Maitreya gebeten werden, seine Ideen der ganzen Welt vorzustellen. An diesem Tag, der als Deklarationstag in die Geschichte eingehen wird, werden Sie ein Ihnen inzwischen vertrautes Gesicht auf dem Bildschirm sehen – das von Maitreya. Die Fernsehnetze der Welt werden weltweit über Satelliten zusammengeschaltet werden, die schon vorher für dieses Ereignis installiert wurden. Und dann wird etwas Außergewöhnliches geschehen: Zur gleichen Zeit werden die Menschen in der ganzen Welt Maitreyas Gesicht auf dem Bildschirm sehen. Maitreya ist allwissend und allgegenwärtig. Jeder, der älter als 14 Jahre alt ist, wird in seinem Innern in aller Stille Maitreyas Worte, seine Gedanken und Ideen telepathisch in der eigenen Sprache „hören". Wenn Sie dabei sein Gesicht betrachten, werden Sie sehen, dass seine Lippen sich nicht bewegen, dass er nicht spricht, und doch werden Sie seine Ideen aufnehmen. Die Franzosen werden ihn auf Französisch hören, die Deutschen auf Deutsch, die Engländer auf Englisch, die Niederländer auf Niederländisch, die Japaner auf Japanisch und so weiter – rund um die Welt. Bei allem, was Sie gerade tun, ob Sie draußen beim Fischen sind oder unter Ihrem Auto liegen, werden Sie, auch wenn Sie nicht Fernsehen schauen, die Stimme, die Gedanken und Ideen Maitreyas in Ihrem Innern hören. Dieses Wunder ist eine Wiederholung des wahren Pfingstgeschehens vor zweitausend Jahren, nur diesmal als weltweites Ereignis. Auf diese Weise wird Maitreya eine Vorahnung der künftigen Fähigkeit aller Menschen vermitteln, auf mentalem Wege, willentlich und über jede Entfernung hinweg telepathisch kommunizieren zu können.

Maitreya wird eine kurze Zusammenfassung der langen Menschheitsgeschichte geben und beschreiben, aus welcher Höhe die Menschheit in den Materialismus von heute hinabgefallen ist. Er wird auch seine Gruppe, die geistige Hierarchie der Meister einführen. Er wird Zukunftsperspektiven aufzeigen und kurz auch einige der Wunder der zukünftigen Wissenschaften umreißen, die der Menschheit ein ganz neues Leben eröffnen werden. Mit seinem Appell für Gerechtigkeit wird er zum Teilen aufrufen – als dem einzigen Weg, der zu Gerechtigkeit führt und damit zum Frieden in der Welt.

Währenddessen wird seine Energie, die Energie der Liebe, in ungeheurer Potenz die Herzen aller Menschen durchdringen und eine intuitive, von Herzen kommende Reaktion auf seine Ideen auslösen. Er hat gesagt: „Es wird sein, als würde ich die ganze Welt umarmen. Die Menschen werden es sogar physisch spüren." Auf der physischen Ebene wird es auf der ganzen Welt auch Hunderttausende spontaner Wunderheilungen geben.

Auf diese dreifache Weise werden Sie erkennen, dass dieser Mann – und nur er – der Weltlehrer ist, den die Christen als Christus erwarten, die Muslime als Imam Mahdi, die Juden als Messias, die Hindus als Krishna oder Kalki-Avatar, die Buddhisten unter seinem Namen, als Maitreya-Buddha, und viele andere Menschen ohne eine religiöse Zugehörigkeit, die sich nur ein besseres Leben für alle wünschen.

Unsere Reaktion auf dieses Ereignis wird die gesamte Zukunft der Welt bestimmen. Maitreya wird uns vor die Wahl stellen – wir haben einen freien Willen und können frei entscheiden. Vereinfacht ausgedrückt geht es um eine Entscheidung für Teilen und Gerechtigkeit und die endgültige Abkehr von Krieg und Terrorismus oder für die allmähliche Vernichtung allen menschlichen wie auch subhumanen Lebens auf der Erde. Maitreya hat bereits gesagt: „Mein Herz sagt mir eure Antwort, eure Entscheidung, und es ist froh."

(*) Maitreyas Vorhersagen und Lehren wurden auch in dem Buch *Maitreya's Teachings – The Laws of Life* veröffentlicht (deutsche Übersetzung in Vorbereitung).

Der Lehrer der Menschheit

Der folgende Artikel ist die überarbeitete Version eines Vortrags von Benjamin Creme auf der Transmissionsmeditationstagung im August 2004 in San Francisco, USA.

Die Ankunft Maitreyas

„Seit Jahren haben viele Menschen mehr oder weniger geduldig darauf gewartet, dass Maitreya auf der Weltbühne erscheint und sich als Weltlehrer für das Zeitalter des Wassermanns vorstellt. Viele empfanden diese Wartezeit als sehr ermüdend, wohingegen andere bereitwillig daran gearbeitet haben, die Welt mit seiner Anwesenheit und seinen Plänen vertraut zu machen, weil sie wussten, dass ihre Bemühungen mit der Zeit erfolgreich sein werden. Der Tag, an dem ihn alle sehen werden, ist nun angebrochen. Bewusst oder unbewusst haben ihn die Menschen gerufen, und er hat sein Versprechen, zurückzukehren, eingelöst." (*„Die Ankunft Maitreyas"*, April 1987)*

„Viele empfanden diese Wartezeit als sehr ermüdend." Würden Sie Maitreya besser kennen, dann wüssten Sie, dass er davon ausgeht, dass er bereits zurückgekehrt ist. Er ist auch der Meinung, dass all das Gerede über den möglichen Zeitpunkt seiner Rückkehr unsinnig ist. Es ist bereits geschehen. Wenn er Gruppen besucht – und dabei natürlich nicht wie Maitreya aussieht oder gekleidet ist, sondern in unterschiedlicher Gestalt erscheint –, dann wissen diese Menschen, wer er ist, da ihnen das von meinem Meister bestätigt wurde. Wenn er sie dann in derselben Gestalt wieder besucht, stellen sie ihm Fragen, er antwortet darauf – und dann sagen diese Leute: „Ach, es dauert aber so lang! Die Weltsituation setzt mir wirklich sehr zu, und dieses Warten ist schrecklich. Wie soll ich denn den Leuten erklären, dass es Zeit braucht?" Er sagt: „Wovon reden Sie? Auch wenn Sie sich noch so viele Sorgen machen – es ist töricht. Es gibt keinen Grund, besorgt zu sein. Die Welt ist schön und voller Verheißungen. Maitreya ist hier. Er ist zurückgekehrt.

Sie müssen auf nichts mehr warten; es ist geschafft – alles geht nach Plan."

Die Welt befindet sich in einem Zustand der Veränderung, den wir nicht einmal ansatzweise wahrnehmen können, da wir, was ganz natürlich ist, noch ganz mit den Ereignissen der letzten Jahre beschäftigt sind: mit dem 11. September zum Beispiel, dem darauf folgenden Angriff auf Afghanistan und der Irakinvasion, die immer noch andauert – von weiteren Terroranschlägen ganz zu schweigen.

In dem Jahrzehnt vor dem 11. September ist eine zunehmende Beruhigung und eine Veränderung zum Guten eingetreten. Zuvor waren außerordentliche Dinge geschehen: das Ende des Kalten Kriegs beispielsweise, das etwas schier Unglaubliches ist – das größte Weltereignis seit dem Ende des Zweiten Weltkriegs. Es befreite die Menschheit von der Furcht vor einem plötzlichen Tod – der durchaus möglich gewesen wäre und zugleich auch den Tod aller Menschen bedeutet hätte. Deshalb wollten damals viele Menschen auch keine Kinder mehr haben; sie wollten sie nicht in eine Welt setzen, die ohnehin zerstört werden würde. Inzwischen haben die Leute wieder Kinder, sie freuen sich darüber und wissen, dass ihre Kinder leben und eine neue Zivilisation aufbauen werden.

In den zehn, zwölf Jahren vor dem 11. September haben die Menschen eine außergewöhnliche Transformation der Welt erlebt. Für alle direkt davon Betroffenen bedeutete vieles eine enorme Umwälzung: die Veränderungen, die sich in der Sowjetunion vollzogen, der Zusammenbruch des politischen Systems, die Forderung von Millionen Menschen nach einem besseren und ungezwungeneren Lebensstil und der gesellschaftliche Aufstieg und Einfluss der mittlerweile megareichen russischen Ölmagnaten; auch das chinesische Experiment, das einem großen Teil der Bevölkerung allmählich zu einem ungeahnten materiellen Wohlstand verholfen hat. Die Menschen in China haben noch nie diese Lebensqualität und den materiellen Wohlstand gekannt, wie sie die chinesische Ostküste jetzt aufweisen. Etwa zwanzig Millionen Menschen können heute die materiellen Annehmlichkeiten der reicheren Regionen Europas und Amerikas erleben. Das ist völlig neu und hat auch anderswo in China sehr viel zur Linderung der Armut beigetragen. Zwar gibt es Regionen in China, die immer noch arm sind, aber im Großen und Ganzen hat China die ehemals bedrückende Armut hinter sich gelassen. In ähnlicher Weise empfindet auch der Großteil der russischen Bevölkerung das Leben als leichter, wenngleich leerer.

Die Menschen im Westen – Amerika, Europa – haben ihre wachsende gegenseitige Abhängigkeit entdeckt, sie haben die Einheit der Menschheit erkannt und die Notwendigkeit, die Welt als eins zu begreifen, sowie die Tatsache, dass wirkliche Veränderungen nur in globalem Umfang möglich sind.

Eines der wichtigsten Ereignisse der letzten Jahre war, dass erstmals in der Geschichte Millionen Menschen vollwertige und gleichberechtigte Bürger und anerkannte Eigentümer ihres eigenen Landes sein durften. Die Freilassung Nelson Mandelas und die Gründung des neuen Südafrikas waren ein ganz außergewöhnliches Ereignis, das der direkten Einwirkung Maitreyas zu verdanken ist. Er hat das herbeigeführt.

Ebenso öffnete sein Einfluss die Sowjetunion für Glasnost. Sie wurde in die Gemeinschaft der Nationen aufgenommen, und in der Folge verwandelte sich der alte, wütende „niet" sagende Bär in einen freundlichen, kooperativen Staatenbund. Das ist ein erstaunlicher Wandel.

Außerdem gab es die Wiedervereinigung Deutschlands, Jahre bevor es irgendjemand für möglich gehalten hätte. Manche Leute im Westen sehen darin allerdings nur eine neue Verpflichtung, die ihren Lebensstandard gesenkt hat (der unnatürlich hoch war); doch die Wiedervereinigung verlieh Europa, das sich, wie Sie wissen, bis in die vierziger Jahre in einem ständigen Kriegszustand befunden hatte, eine neue Stabilität.

Es ist also unter dem maßgeblichen Einfluss Maitreyas sehr vieles geschehen, was wir jedoch häufig vergessen. In unserer Angst, unserer Sorge um die Zukunft, und mangels eines Gefühls für Proportionen, vergessen wir nur allzu oft die großen positiven Veränderungen, die stattgefunden haben – als Folge der mächtigen Energien, die jetzt in die Welt strömen, und der Anwesenheit einer großen Gruppe außergewöhnlicher Menschen von etwa vierzehn Meistern und des Meisters aller Meister, Maitreyas selbst.

„Auch er hat jahrelang darauf gewartet, dass die Menschheit ihn einlädt, an die Öffentlichkeit zu treten, und er sich für sie einsetzen kann. Nachdem dies endlich geschehen ist, hat er die notwendigen Schritte eingeleitet, damit man ihn erkennen und akzeptieren wird. Nicht umsonst hat er zahlreiche Gruppen darauf vorbereitet, dass sie ihn als den bestätigen können, der er ist. In vielen Bereichen des öffentlichen Lebens gibt es einflussreiche Leute in hohen Positionen, die wissen, dass er hier ist, die seine Pläne und seine Prioritäten kennen, seine Worte gehört haben und sie für wahr halten. Es sind Menschen aus unterschiedlichen Kreisen und vielen Ländern, die alle darauf vorbereitet sind und den Wunsch haben, Maitreya und der Welt zu dienen. Da sie mit seinen Plänen bis ins Einzelne vertraut sind, werden sie seine Ansichten vertreten und ihren Kollegen und Mitmenschen die kommenden Aufgaben bewusst machen. Auf diese Weise kann er durch sie wirken und den Weg in eine bessere Zukunft weisen." (*„Die Ankunft Maitreyas"*)

Trotz seiner Bereitschaft zu spontanem Handeln wird alles, was Maitreya wie auch jeder Meister unternimmt, mit akribischer Sorgfalt ausgeführt. Sie setzen seit Jahren Arbeit und auch gezielte Energie dafür ein, dass der Plan gelingt, indem sie sich vielen Menschen auf der ganzen Welt zeigen: unbedeutenden Menschen, Menschen, die ihn erwarten, die ihn erkennen, wenn sie ihn bei Vorträgen sehen, und so weiter. Es ist nicht immer einfach, ihn zu erkennen, weil er in unterschiedlicher Gestalt erscheint: als Frau, als Mann, als alte Frau mit nur einem Zahn, manchmal in schönen Kleidern, trägt dann aber Galoschen oder Pantoffeln dazu – alles etwas kurios. Dieser Aspekt ist häufig ein Hinweis. Ich erinnere mich an einen Bericht über einen Meister, der in prächtigen Kleidern aus dem späten 19. Jahrhundert erschien – mit langem Mantel, Krawatte und einem Zylinder, aus dem oben ein Haufen Wolle und anderes Zeug herausquoll.

Maitreya hat eine große Gruppe von Männern und Frauen zusammengerufen, mit denen er sich getroffen und einige Zeit verbracht hat, denen er seine Prioritäten beschrieben und die dringenden Bedürfnisse der Welt nahegebracht hat; Menschen aus allen Lebensbereichen, Mitglieder von Königshäusern, Menschen mit Macht und Ansehen, Regierungschefs, das diplomatische Korps auf der ganzen Welt; Menschen, die Einfluss auf die Regierung haben, Sonderbotschafter und so weiter; religiöse Würdenträger, bekannte Persönlichkeiten aus der Industrie und Verwaltungsdirektoren. Es gibt jetzt eine große Gruppe von Menschen, denen die Gedanken, Ideen und Pläne Maitreyas völlig vertraut sind. Wenn er mehr an die Öffentlichkeit tritt, wenn die Menschen ihn tatsächlich sehen (auch wenn er nicht als Maitreya angekündigt wird), werden sich diese Personen zu Wort melden und bestätigen, dass es wahr ist: der große Lehrer, der Weltlehrer, ist hier. Sie werden vielleicht nicht direkt auf ihn deuten, aber doch sagen: „Er ist hier. Ich weiß es. Das ist seine Idee."

Unter diesen Menschen gibt es Persönlichkeiten, die große Anerkennung bei ihren Leuten genießen, sodass die Massen, die immer einer Leitfigur folgen, ihren Worten Glauben schenken werden; sie sind Leitfiguren, weil sie Denkanstöße geben, moderne Ideen haben und für Zeitungen und Zeitschriften schreiben; es sind hochrangige Journalisten, die Maitreya getroffen haben und seine Ideen, seine Gedanken, seine Analyse der Voraussetzungen für Wandel und Frieden kennen. Auf diese Weise baut er an seiner Seite eine große Meinungsallianz auf.

Die Zeit wird kommen, da von der breiten Masse der Menschen weltweit ein meinungsbildender Prozess in Gang gesetzt wird, der die Regierungen zwingt, den Veränderungsprozess zu beginnen und Maitreyas Lehren umzusetzen.

Manche werden in ihm den Christus sehen. Andere werden ihn vielleicht als politischen und ökonomischen Denker sehen, der sie inspirieren und ihnen zeigen wird, dass es eine Möglichkeit zur Veränderung gibt, dass wir weder Bush oder Blair noch den ausgetretenen Wegen folgen müssen; dass die alten Methoden des „Spalte und Herrsche" vorbei sind und diese alten Regierungsmethoden, den Menschen eine Politik aufzuzwingen, ein Ende haben. Die Regierungen werden aufgrund der manifesten Macht des Volkes erkennen müssen, dass es ihre Aufgabe ist, sich um die Bedürfnisse der Bevölkerung zu kümmern. Und das wird in allen Ländern geschehen. Manche Regierungen tun dies mehr oder weniger schon jetzt. Einige Regierungen sind demokratischer und lassen mehr Beteiligung am Veränderungsprozess zu, andere jedoch sind extrem diktatorisch, sodass die Menschen wenig zu sagen haben. Das wird aufhören.

„Bald werden Tausende in aller Welt sein Gesicht sehen können. Das Fernsehen ermöglicht es dem Avatar, unzählige Menschen direkt anzusprechen, um mit einfachen Worten ihre Herzen zu erreichen." (*„Die Ankunft Maitreyas"*)

Eines der Geheimnisse der Überzeugungskraft Maitreyas, die bisher nur eine begrenzte Anzahl von Menschen erfahren hat (wenngleich es sehr viele sind, ist ihre Zahl im Vergleich zur Weltbevölkerung immer noch begrenzt), ist seine einfache Sprache. Seine Worte kommen von Herzen und sprechen das Herz des Gegenübers direkt an. Es liegt ihm nicht daran, besonders brillant zu sein. Er versucht nicht, zu überreden.

Er macht die Menschen auf das Offensichtliche aufmerksam, was allerdings für viele Regierungen auf der Welt nicht so offensichtlich zu sein scheint, auch wenn allen klar ist, dass jeder Mensch Nahrung, Unterkunft, medizinische Versorgung, Bildung, Kultur, Impulse und Abwechslung in seinem Leben braucht. Jeder weiß das, aber die Regierungen sorgen im Allgemeinen nicht für die Erfüllung dieser Grundbedürfnisse.

Das ist jedoch die Pflicht einer Regierung, und diese einfachen Dinge sind es, die Maitreya ansprechen wird – die aber die meisten Christen nicht von ihm erwarten würden. Sie erwarten sich von ihm, Vorträge über Religion, über Gott, über gegensätzliche Glaubenslehren, also über eine rein akademische Religion, über die Religionsvertreter sprechen, sich streiten oder besorgt sind.

Er kommt nicht als religiöser Lehrer, obwohl er von allen Religionsgemeinschaften – unter unterschiedlichem Namen – erwartet wird. Und es wird natürlich für sie auch eine sehr große Überraschung sein, vielen wird es daher sicher schwerfallen, ihn zu erkennen und sich ihm anzuschließen.

„Bald darauf werden weitere solcher Auftritte folgen, bis die ganze Welt zuhören und darauf reagieren wird." (*„Die Ankunft Maitreyas"*)

Er hat noch viele weitere Auftritte geplant. Die Ankunft Maitreyas findet, wie wir wissen, buchstäblich über Jahre hinweg und in Phasen statt, und mit jeder Phase werden ihn immer mehr Menschen sehen können. Er hat Jahre damit verbracht, an vielen Orten weltweit Menschen zu erscheinen und bei diesem Anlass Heilquellen zu erzeugen, indem er sie mit kosmischer Wassermann-Energie auflud. Es soll schließlich, wie mir gesagt wurde, 777 Wasserquellen geben.

Er erschien dabei vor allem auf religiösen Versammlungen, wobei er fast jedes Mal eine Heilquelle manifestierte. Wenn man die Zahl der Zuhörer mit seinen insgesamt 239 Auftritten (von 1988 bis 2002)** multipliziert, ergibt sich eine enorme Anzahl von Menschen, die ihn reden gehört und seine Anliegen und Lösungsvorschläge für unsere Probleme vernommen haben.

„So wird die Welt erfahren, dass der Christus, dass Maitreya in unserer Mitte ist, bereit, zu lehren und zu leiten, der Welt zu dienen und den Weg zu zeigen, der vom Rand des Abgrunds wegführt, und sie zu einer neuen Lebensweise zu inspirieren." (*„Die Ankunft Maitreyas"*)

Der Meister hat immer wieder den Satz verwendet: „den Weg zu zeigen, der vom Rand des Abgrunds wegführt". Aus der Sicht der Meister ist die Welt bereits gerettet, aber die Menschheit weiß es nicht und muss ihre besten Absichten und höchsten Interessen einsetzen, um sich vom Abgrund zu entfernen. Der Abgrund wäre natürlich ein weltweiter Krieg. Es wäre ein Atomkrieg, der alles Leben auf der Erde zerstören und damit das menschliche Experiment auf diesem Planeten beenden würde.

Die Meister sind sicher, dass ihr Einsatz, ihr Geschenk an die Menschheit, sie zu schützen, zu lehren und zu leiten, es den Menschen ermöglichen wird, sich vom Abgrund abzuwenden und die Richtung zu ändern. Das ist die letzte Phase vor dem öffentlichen Auftritt von Maitreya.

Wenn er öffentlich in der Welt tätig wird – auch wenn das nicht unter dem Namen Maitreya geschieht –, geht es darum, dass die Menschheit sich zu diesem Schritt entscheidet. Wenn das erreicht ist, wenn die Menschen von selbst die Richtung ändern, kann er seinen wahren Rang und sein wahres Vorhaben enthüllen. Die Meister sehen die jetzige Situation im Irak und generell in Amerika unter der gegenwärtigen Regierung als eine Art „Schluckauf" im Veränderungsprozess – und nicht als das unwiderrufliche Ende, wodurch wir in den Abgrund stürzen würden.

Für die Meister ist das also nicht das „Endspiel". Das Endspiel existiert in den Köpfen der Fundamentalisten, die meinen, dass es eine „Endzeit" gäbe und wir dieser Endzeit nahe wären und sie dazu beitragen könnten. Der amerikanische Präsident ist ein fundamentalistischer Christ, der glaubt, von Gott geführt zu werden. Ich glaube, dass er sich einer Illusion hingibt, und ich teile diese Ansicht mit Millionen anderen in den USA wie auch im Ausland. Letztlich sind viele Menschen in ihrem Denken, und bis zu einem gewissen Grad auch in ihren Herzen, von den Lehren der Fundamentalisten darauf konditioniert, in diesen Zeiten die „göttlichen Zeiten" zu sehen, die in der Bibel vorausgesagt wurden, und zu glauben, dass sie den „Verkündigungen Gottes" entsprechen. Das trifft zwar keineswegs zu, aber sie glauben es nun mal, und es sind Millionen.

Ich erinnere mich, dass vor vielen Jahren behauptet wurde, dass es in diesem Land [USA] mit einer Bevölkerung von 275 Millionen vierzig Millionen fundamentaler Christen gebe – ein gewaltiger Anteil. Die Fundamentalisten sind in den hiesigen Religionsgemeinschaften sehr stark vertreten, sei es bei den Baptisten oder bei den Katholiken. Beide Kirchen haben ihre fundamentalistischen Zweige, weshalb diese Einstellung unter den Christen in Amerika sehr stark verbreitet ist.

Maitreya sagt: „Behaltet den Preis im Auge, und der Preis ist die Menschheit." Er war bei einer Demonstration in London im Februar 2003 dabei, wo eine kleine Gruppe von Studenten ein Videointerview mit ihm machte. Einige aus unserer Gruppe waren in der Nähe. Maitreya trat in Gestalt eines Mannes aus der Karibik auf und war einfach wunderbar. Er sagte: „Ich bin so froh. Ich bin so froh, dass ich erleben kann, wie all ihr jungen Leute für Wahrheit, Frieden und Gerechtigkeit marschiert, es ist so wundervoll, das zu sehen." Und dann sagte er: „Behaltet den Preis im Auge, und der Preis ist die Menschheit!" Dann kam ein junger Mann auf ihn zu, und sie begrüßten einander mit einem Handschlag. Dieser jüngere Mann war ein Jünger eines Meisters. Daraufhin gingen sie gemeinsam weiter.

Also: „Behaltet den Preis im Auge, und der Preis ist die Menschheit!"
(*Share International*, April 2003)

„Doch es muss auch gesagt werden, dass ihn wahrscheinlich nicht alle Menschen sofort erkennen werden. Nicht alle kennen die wahren Hintergründe seines Lebens und seiner heutigen Ankunft. Allmählich werden sie die Weisheit in seinen Worten entdecken, den Segen seiner Gegenwart spüren und tief in ihrem Herzen wissen, dass er die Wahrheit spricht.

Daher werden sie auch mit dem Herzen auf ihn reagieren und ihn als den Lehrer für das Zeitalter anerkennen. Er wird in ihnen den Wunsch wecken, zu teilen und wieder eine gerechtere und harmonischere Welt zu schaffen. Wenn die Menschen die dringende Notwendigkeit dieser Aufgabe begreifen, werden sie sich gegen die Ungerechtigkeiten dieser Zeit mit der geballten Kraft des Guten stemmen, wie man es noch nie zuvor erlebt hat. Die Erneuerung wird rasche Fortschritte machen, und die Menschen werden zum Wohle aller zusammenarbeiten. So wird es geschehen. So wird das neue Zeitalter unter der Führung Maitreyas und seiner Gruppe von den Menschen selbst gestaltet werden. Statt der Zwistigkeiten der Vergangenheit werden Zusammenarbeit und Teilen tonangebend sein; Selbstsucht und Habgier werden einem neuen Gerechtigkeitsgefühl weichen. Von innen heraus wird der Mensch auf Besserung drängen und damit das Göttliche in uns allen beweisen. Maitreya wird zeigen, dass dieses Göttliche die eigentliche Natur des Menschen ist, und dass er diese Entwicklung fördert.

Inzwischen können alle bereits die Anzeichen seines Wirkens verfolgen. Die alten Dogmen sterben allmählich aus; die neuen Besen fegen die Trümmer der Vergangenheit hinweg.

Die alten Männer zaudern, doch die Wahrheit trommelt mit neuer Kraft auf ihre zinnenbewehrten, aber zerbröckelnden Festungsmauern ein. Sie werden dieser neuen Kraft, die für Rechtschaffenheit und Gerechtigkeit kämpft, nicht lange standhalten." (*„Die Ankunft Maitreyas"*)

Das ist in den Augen der Meister die Wirkung, die Maitreya in der Welt haben wird, wenn er öffentlich zu reden beginnt. Nicht alle werden ihn erkennen. Manche werden ihn den Antichrist nennen. Auch mich bezeichnen sie schon als den Vorboten, den „Laufburschen" des Antichrists. Ich werde seit langem so genannt.

Maitreyas Stimme

„Mit jedem Tag, der vorübergeht, rückt das Erscheinen des Großen Herrn in der Welt näher. Sehr bald wird die Menschheit wissen, dass mitten unter ihnen ein Mann mit höchst ungewöhnlichen Eigenschaften lebt: Er besitzt eine Fähigkeit zum Dienst, deren Tragweite einzig dem Gesetz des Karmas unterliegt, und eine Kenntnis dieses Gesetzes, die selbst unter seinesgleichen einzigartig ist; eine Weisheit, die auf der Erfahrung von Jahrtausenden beruht; eine aus der Tiefe dieser Erfahrung gewonnene Erkenntnis der Absicht, die Gottes Plan zugrunde liegt ..." (*„Maitreyas Stimme"*, Juli/August 1994)

Das also ist der Mann, den wir sehen werden. Ein außergewöhnlicher Mensch, der anders ist als alle, die wir je zuvor erlebt haben. Niemand auf der Welt, außer vielleicht ein anderer Meister, kann mit dem Wissen, der Weisheit und dieser jahrtausendealten Erfahrung sprechen, über die Maitreya verfügt. Dazu muss man ein Meister sein, und dazu muss man nicht nur die Welt und alle ihre Probleme, alle ihre Schwierigkeiten kennen und alles, was im Prozess der Veränderungen notwendig ist, sondern auch den tieferen Sinn der Welt verstehen. Man muss den Sinn und Zweck des Lebens auf der Erde kennen. Man muss imstande sein, der Menschheit des jeweiligen Zeitalters zumindest eine Ahnung davon zu vermitteln. Selbst wenn man Christus oder ein Meister ist, muss man die Menschheit so ansprechen, dass sie versteht, worum es ihm geht, sonst wird es keine Wirkung haben. Also kommt es auf das Verständnis für die Probleme und deren Lösung an, die der Menschheit auf eine Weise vermittelt werden müssen, dass sie real und greifbar werden, damit wir sie als unsere eigenen Probleme erkennen können und auch begreifen, dass der aufgezeigte Ausweg eine logische und glaubhafte Antwort darauf ist.

Das ist vielleicht einer der Gründe dafür, dass entgegen unseren Erwartungen viele Menschen diese Informationen nicht so einfach annehmen. Das liegt, wie ich meine, daran, dass wir möglicherweise nicht wissen, wie wir sie den Menschen auf eine Weise vermitteln sollen, die wirklich glaubhaft und verständlich ist und ihrer eigenen Erfahrung entspricht.

Wenn wir ein Meister wären, besonders ein Meister wie Maitreya, könnten wir Antworten, Erfahrungen und Vorstellungen in ihr Bewusstsein projizieren, die diese Informationen vertiefen und real machen würden. Das ist etwas sehr Seltenes; etwas, das wir im Allgemeinen nicht zuwege bringen.

Das heißt nicht, dass wir es nicht versuchen sollten und so viel Zeit und Energie wie möglich aufbringen sollten, um die Geschichte zu erzählen und bekannt zu machen, dass der Christus hier ist, welche Prioritäten er hat, warum er einen Wandel für notwendig hält und worin dieser bestehen muss.

Wir müssen die Geschichte auf eine Weise präsentieren, die sie für die Menschen real macht; sie müssen sie nachvollziehen können. Wir müssen ihnen das Gefühl dafür vermitteln, dass Menschen verhungern, nicht nur Worte präsentieren. Die Zuhörer müssen bis zu einem gewissen Grad erfahren, was es bedeutet, zu verhungern. Wir müssen es ihnen in einem Rahmen präsentieren, der sie den Hungernden näherbringt, damit sie hinschauen, so entsetzlich das auch sein mag. Sie mit Tabellen und Statistiken zu füttern, würde sie nicht ansprechen. Es ist schwierig, mit Statistiken mitzufühlen. Wenn Sie ihnen erzählen, dass 20 Prozent der Weltbevölkerung 80 Prozent der Weltressourcen verbrauchen, sagt ihnen das noch nicht viel. Es ist zwar eine Tatsache, eine schreckliche Tatsache, aber darüber sieht man meist schnell hinweg. Doch wenn die Menschen Maitreya sehen und seine Sorge um die Millionen Hungernden hören – denn das sind die Menschen, über die er sprechen wird –, dann können sie sich die Situation der Armen, der Hungernden vorstellen. Er spricht nicht über die gut genährte Mittelschicht in Europa, Amerika und Japan. Er spricht voller Anteilnahme über die Millionen Menschen, die von einem Dollar oder weniger am Tag leben; über die Menschen, die überhaupt nichts besitzen, die nur Haut und Knochen sind und zu Millionen sterben. Es ist diese Qualität, die Maitreya den Menschen mit einem Minimum an Aufwand vermitteln kann, und diese Energie, die ihre Liebe und ihr Mitgefühl für das Problem weckt. Und deshalb wird die Reaktion auf Maitreya völlig anders sein als das, was wir mit denselben Worten erreichen könnten. Aber wir sollten nicht denken, dass das leicht sein wird.

„... eine Fähigkeit, mit einfachen Worten die Herzen der Menschen anzusprechen; ein Bewusstsein dafür, was Menschen brauchen und wie man die Erfüllung dieser Bedürfnisse sichern kann; eine Anteilnahme, eine Liebe, die allen gilt und die so grenzenlos und unermesslich ist, dass sie jegliche menschliche Vorstellungskraft weit übersteigt. Ein Heros, ein Titan lebt mitten unter uns, und bald werden alle Menschen das wissen.

Bald, sehr bald, will sich Maitreya an einen großen Teil der Weltbevölkerung wenden und sie mit seinen Hoffnungen und Plänen vertraut machen, um ihnen seine Vorstellungen von einer besseren Welt für alle zu vermitteln. Von dieser Zeit an wird die Entwicklung zügig weitergehen und ihn mit wachsender Dynamik ins Rampenlicht der Welt rücken. So wird der Menschensohn sein Versprechen, zurückzukehren, erfüllen, und die Menschen werden erkennen, dass die Zeit ihrer Befreiung bevorsteht.

Während Maitreya auf die Einladung wartet, sich der Öffentlichkeit zu zeigen und persönlich zu den Menschen zu sprechen, verbringt er die Zeit mit Sicherheit nicht tatenlos. Die Veränderungen, die seine Gegenwart bereits bewirkt hat, sind gewaltig und tiefgreifend, und auch während diese Worte geschrieben und gelesen werden, darf man mit weiteren, grundlegenden Veränderungen rechnen.

An den besonnenen Äußerungen einiger führender Politiker lässt sich erkennen, dass sich in der Menschheit eine neue Stimme zu Wort meldet. Diese Stimme wird immer häufiger die wichtigsten Aufgaben unserer Zeit beim Namen nennen: Frieden, Toleranz, Vergebung vergangener Fehler, Zusammenarbeit und Teilen zum Wohle aller. Diese Stimme entspringt in den Herzen und den Köpfen all jener, die ihre Mitmenschen lieben, und verdichtet sich zur unerschütterlichen Forderung nach Wiederaufbau und Erneuerung der Welt. Diese Stimme ist die Stimme der neuen Epoche. Es ist die Stimme Maitreyas.

Stimmt ein in diesen Ruf nach Frieden und Gerechtigkeit, der immer lauter wird, und werdet euch über euren Platz in der Geschichte bewusst. Eine neue Welt wird jetzt geschaffen und das erfordert die Beteiligung aller: Denn alle haben ihren Teil zu diesem großen Unternehmen beizutragen; niemand sollte sich zu jung oder zu alt fühlen, um seine Wünsche, seine Sehnsucht laut und vernehmlich zu äußern." (*„Maitreyas Stimme"*)

Es gibt bereits einige Menschen – und bald auch Gruppen –, die laut und deutlich die Bedürfnisse der Welt ansprechen werden oder es bereits tun. Wir sind nicht die einzigen, die von der Notwendigkeit der Gerechtigkeit sprechen, um den Frieden in der Welt zu sichern. Viele Tausende, vielleicht sogar Millionen von Menschen sind ebenso überzeugt davon. Wir haben von Maitreyas Anwesenheit erfahren, und das schafft eine andere Ausgangslage. Aber wir müssen verstehen und immer daran denken, dass Millionen von Menschen in ihrem Innern auf Maitreya ansprechen, dass es andere Gruppen, andere Menschen gibt, Menschen in politischen Parteien, in der Wirtschaft, im sozialen Bereich, in den Nichtregierungsorganisationen, die wissen, dass das Verteilungssystem der Welt verändert werden muss, damit alle Menschen, an jedem Ort der Welt, ein anständiges Leben führen können.

Weil es unsere Aufgabe ist, bekannt zu machen, dass Maitreya in der Welt ist und die Meister in die Welt zurückkehren, neigen wir zu der Annahme, wir seien die einzigen mit diesen Ideen. Aber das ist nicht der Fall. Wenn wir uns klarmachen, dass die gleichen Ideen, wenn auch nicht die Wiederkehr des Christus, so doch die gleichen politischen und ökonomischen Vorstellungen von Millionen von Menschen auf der ganzen Welt geteilt werden, dann kann das unsere Arbeit sehr erleichtern. Sie werden uns nicht unbedingt zustimmen, dass der Christus in der Welt ist, aber das ist nicht wichtig, wenn sie dem zustimmen, dass die Welt teilen muss und dass Gerechtigkeit notwendig ist, wenn wir Frieden haben wollen. Das ist das Entscheidende.

Wenn Herr Bush und Herr Blair wüssten, dass dies die Wahrheit hinter den Ereignissen der kommenden Zeit ist, würde das das ganze Weltklima verändern. Leider wissen sie es nicht. Sie glauben nur an Krieg, zumindest Bush glaubt nur daran – Krieg als „Krieg gegen den Terror". Er ist zurzeit sehr populär, „der Krieg gegen den Terror", und natürlich wird der Irakkrieg als solcher verstanden – was er jedoch nicht ist. Es ist eine Lüge. Diese Lügen werden jetzt, eine nach der anderen, sehr schnell aufgedeckt, und daher wissen die Menschen in diesem Land [USA] und in der Welt im Allgemeinen, falls sie die Lügen nicht schon früher durchschaut haben, mit Sicherheit jetzt Bescheid.

Die Zeit dieser Kleingeister geht zu Ende – dieser Männer, die scheinbar kein Gewissen haben und nicht einmal so viel Respekt vor ihrem Volk, um einzugestehen, dass sie Unrecht hatten und Fehler gemacht haben, und um sich zu entschuldigen. Wenn sie dies täten, würde dies ihre Position in jedem Land verändern, und sie würden vielleicht auch die Ansichten der Bevölkerung in Betracht ziehen. Aber das können sie nicht. Dafür sind sie zu arrogant.

„Eine neue Welt wird jetzt geschaffen und erfordert die Beteiligung aller: denn jeder kann zu diesem großen Unternehmen beitragen." (*„Maitreyas Stimme"*)

Der Einzug Maitreyas

„Wenn der Mensch sich wie heute am Scheideweg befindet und Rat sucht, welchen Weg er einschlagen soll, schickt er einen invokativen Hilferuf aus. Und wenn dieser Ruf eine bestimmte Stärke erreicht hat, reagieren und antworten wir, eure Älteren Brüder, darauf. So ist es auch heute, wo die Menschen verzweifelt in ihrem selbst erzeugten Chaos zappeln und sich fürchten, die Schritte zu unternehmen, die sie vor noch größerem Chaos bewahren könnten.

Maitreya steht nun im Begriff, sich in diesen Mahlstrom hineinzubegeben, und ist sich der Aufgabe, die vor ihm liegt, durchaus bewusst. Nur ein Wesen von unermesslicher Weisheit wie er kann eine solche Bürde auf sich nehmen. Nur jemand von unvergleichlichem Mut wie er kann eine solche Aufgabe bewältigen.

Aus den anarchischen Zuständen von heute muss er die neue und bessere Ordnung aufbauen. Aus der Agonie von Millionen muss er eine neue Welt gestalten.

Wer wird ihm bei seiner Rettungsaktion zur Seite stehen?

Wer wird sich seiner Sache anschließen und seinen Brüdern und Schwestern helfen?

Wie niemals zuvor bietet sich jetzt die Gelegenheit, einer Welt zu dienen, die in den Geburtswehen liegt, einer neuen Welt, die auf ihren Eintritt ins Leben wartet. (*„Der Einzug Maitreyas"*, Dezember 2001)

Hier liegt für alle die Chance, der Welt wie nie zuvor in ihrer Geschichte zu dienen, weil sich die heutigen Probleme und die Umwandlung dieser problematischen Welt in eine neue Welt, in das neue Zeitalter nie mehr wiederholen wird. Es wird neue Zeitalter geben, aber dies ist jetzt ein Krisenpunkt in der Menschheits- und Weltgeschichte. Daher sollten wir – und alle, die ihre Besorgtheit geäußert haben – uns daran erinnern, dass die Zeit kurz ist, damit wir alles, was uns möglich ist, jeden Funken unserer Kraft, unserer Konzentration und unseres Enthusiasmus für die Aufgabe mobilisieren, die Menschen anzusprechen und sie über die Anwesenheit Maitreyas und bestimmter Meister zu informieren, sowie auch darüber, dass sehr viele dieser Meister, die bisher im Verborgenen wirkten, mit der Zeit unser Alltagsleben teilen und mit uns arbeiten werden.

„Der Große Herr möchte dem Leben jedes Einzelnen Heiligkeit und Wert verleihen." (*„Der Einzug Maitreyas"*)

Eine der Tragödien von heute ist es, dass buchstäblich Millionen und Abermillionen von Menschen kein Gefühl für ihren eigenen Wert haben. Sie zählen nicht, und sie wissen, dass sie nicht zählen. Sie wissen, dass ihr Leben bedeutungslos und kaum besser als das von Tieren ist. Ihr Bewusstsein hat keine Möglichkeit zu wachsen; ihre Erkenntnisfähigkeit wird eingeschränkt. Sie leben, um zu arbeiten, sofern sie in der glücklichen Lage sind, Arbeit zu haben – eine Arbeit, die meist mechanisch und hart ist, einfache Muskelarbeit für einen Hungerlohn, kaum genug, um ihre Familien zu ernähren. Das ist für unzählige Millionen auf der Welt die Wirklichkeit. Vergessen Sie nicht, dass in China etwa eine Milliarde Menschen, in Indien sind es fast ebenso viele, vielleicht 850 bis 900 Millionen, und in Südamerika, Afrika und anderen Teilen der Welt Millionen von Menschen unter unerfreulichen Lebensbedingungen verkümmern. Sie zählen nicht. Sie haben keinen Platz in der Gesellschaft. Sie haben keine Stimme, sie können nicht über ihr eigenes Leben oder ihre Zukunft bestimmen. Sie sind nur Schachfiguren, als menschliche Wesen kaum existent, ausgebeutet und arm in jedem Sinne des Wortes. Arm an Erfahrung, arm in materieller Hinsicht.

„Maitreya möchte dem Leben jedes Einzelnen Heiligkeit und Wert verleihen." Er will jedem Menschen die Erfahrung vermitteln, dass er eine Seele in Inkarnation ist, dass er zählt, dass jede Seele zählt, dass keine Seele von der anderen getrennt ist. Dass jeder, unter welchen Bedingungen er jetzt auch lebt, ein gleiches Recht auf Bildung, Nahrung, Unterkunft, medizinische Versorgung und auf Entfaltung seines ganzen Potenzials als lebendige Seele hat und haben wird.

Wenn das geschieht, wenn die Menschen ein Gefühl für sich als Seele und ihren eigenen Wert entwickelt haben und wissen, dass sie zählen, kann ihre Selbstachtung wachsen und zu einer schöpferischen Kraft in ihrem Leben werden – und das wird die Welt transformieren. Wenn Sie an den Reichtum der Begabungen, an die Ressourcen von Millionen und Millionen von Menschen denken, die heute unterernährt, unterschätzt und zu einem Leben am Rande der Existenz verurteilt sind, dann können Sie sich vorstellen, welche Transformation sich auf dieser Erde vollziehen wird.

Das ist wahrscheinlich die wichtigste Sache, die sich Maitreya vorgenommen hat: Millionen, Abermillionen von Menschen ein Gefühl für ihren eigenen Wert und Selbstachtung zu vermitteln, ihnen zu zeigen, dass es auf sie ankommt, weil jeder mit einem Lebensziel auf der Erde ist. Das leitet sich von der Tatsache ab, dass jeder von uns eine Seele ist, dass es die Absicht der Seele ist, dass wir hier sind, dass jeder auf einer Reise begriffen ist, einem Abenteuer, das uns allen offen steht, das aber einer großen Mehrheit der Menschen heute als bewusstes Experiment vorenthalten wird.

Wir aus der Mittelschicht, die gut leben, die wir uns kultivierter und bereichender Erfahrungen erfreuen, haben kaum eine Vorstellung von der Entbehrung, der Unwissenheit und Hoffnungslosigkeit, die Millionen von Menschen zu endloser Armut und unwürdigem Tod verurteilen. Maitreya ist die einzige Person auf der Welt, die in der Lage ist, diesen Millionen das Selbstwertgefühl, die Selbstachtung zu verleihen, ohne die ein Mensch nichts Lohnendes schaffen kann. Sie können sich vorstellen, welche Veränderung eintreten wird, wenn diese Millionen zum Wohlstand und zum Glück, zur Kultur und zum Ideenreichtum der Welt und damit zum Wandel beitragen.

„Er möchte die Welt von Gewalt und Krieg befreien. Wo wird er seine Helfer finden? Wer ist bereit, darauf zu reagieren? Wer hat den Mut, dem Herrn der Liebe behilflich zu sein? Er weiß bereits, auf wen er sich verlassen kann.“ (*„Der Einzug Maitreyas“*)

Maitreya weiß vermutlich, was alles wichtig für die Welt ist, und er wird daher auch wissen, auf wen er sich verlassen kann. Er kennt sicher jene, die durch ihre Lebensweise bereits ihre Bereitschaft signalisiert haben, mit ihm für die Wiederherstellung der Welt zusammenzuarbeiten. Für uns, die wir hier behaglich und gut genährt im Überfluss leben, ist es sehr schwer nachzuempfinden, welche Veränderungen in den meisten Menschen auf der Welt aufblühen werden. Es gibt 6,5 Milliarden Menschen in Inkarnation, und wir im Westen machen gerade mal ein Drittel davon aus, vielleicht zwei Milliarden. Zwei Dritteln der Bevölkerung ist es mehr oder weniger verwehrt, das zu tun, was wir für selbstverständlich halten. Das sollten wir uns zu allererst und immer wieder bewusst machen. Wenn wir es nicht tun, wird unsere Arbeit, ob wir es bemerken oder nicht, immer von Selbstgefälligkeit bestimmt sein, die die Wurzel des ganzen Problems darstellt.

Die Leute sagen, dass Geld die Wurzel allen Übels ist. Maitreya sagt, nein, nichts dergleichen. Geld ist bloß eine Energie. Sie kann zum Guten oder zum Schlechten genutzt werden.

Das wirkliche Übel, die eigentliche Ursache, die Wurzel aller Weltprobleme – die Tatsache, dass zwei Drittel der Welt in absoluter Armut, von weniger als einem Dollar pro Tag leben, während andere nicht einmal das haben und zu Millionen sterben – ist unsere Selbstgefälligkeit. Wenn wir nicht selbstgefällig wären, könnten wir es nicht ertragen, in einer Welt zu leben, in der so etwas geschieht, in der Menschen inmitten des Überflusses sterben. Wir würden nicht zulassen, dass es geschieht, wenn wir nicht selbstgefällig wären. Daran müssen wir denken, das müssen wir weitergeben und zu einem wesentlichen Bestandteil jedes Gesprächs oder jedes Vortrags, den wir halten, machen, denn das ist die Ursache aller Schwierigkeiten auf der Welt.

Es ist ein Zeichen unserer Isoliertheit. Selbstgefälligkeit entsteht durch Abgrenzung – das Gefühl, dass wir voneinander getrennt seien und durch Konkurrenzkampf anderen überlegen werden könnten –, und diese Überlegenheit erlaubt es uns, ein Leben zu führen, das wir „gut" nennen. Aber wir können nicht „gut" leben, wenn zwei Drittel der Welt in absoluter Armut leben und sterben. Man kann aber nicht ungestraft so leben, und wir tun es auch nicht. Die Folgen sind Verbrechen, sind Katastrophen jeder Art – wenn beispielsweise Regierungen Kriege um Öl führen. Das ist eine Katastrophe, und sie ist nur möglich, weil wir selbstgefällig sind, weil wir nicht die Bedürfnisse von Millionen Menschen anerkennen, die das, was für uns selbstverständlich ist, nicht für selbstverständlich halten dürfen: ausreichende Nahrung, Muße, Bildung und medizinische Versorgung.

Das ist die Ausgangsbasis, wenn man mit dem Christus zusammenarbeiten will. Wenn etwas wichtig ist, dann dies. Nur wer mit den Leidenden leiden kann, kann wirklich die Kraft und die Liebe des

Christus erfahren. Und er kennt bereits die, die empfänglich dafür sind. Es sind die, die altruistisch sind, die das Gegenteil von selbstgefällig sind, die sich bewusst auf das Leben, im eigentlichen Wortsinn, einlassen. Nicht nur auf ihr eigenes kleines Leben, sondern auf das Leben der Welt; die sich nicht nur mit ihrer Familie und ihren Freunden beschäftigen, sondern mit der Welt von sechseinhalb Milliarden Menschen, von denen zwei Drittel in absoluter Armut leben. Das sind die Menschen, auf die sich Maitreya verlassen kann, denen die Lage bewusst ist und darauf brennen, sie zu verändern.

„Sein Mantram ist: Fürchtet euch nicht! Alles wird mit der Zeit erneuert werden. Alles wird mit der Zeit ins Licht zurückkehren." (*„Der Einzug Maitreyas"*)

„Sein Mantram ist: Fürchtet euch nicht!" Was für ein Mantram! Nichts hemmt die Menschheit so sehr wie die Angst. Angst scheint eine Eigenheit der menschlichen Verfassung zu sein, was aber aus der Sicht der Meister keineswegs sein müsste. Die Menschen sind buchstäblich von Angst erfüllt. Sie wird jedem Kind vom frühesten Alter an eingeimpft, und diese Konditionierung nährt die Ängste, von denen fast jeder Mensch geprägt ist. Ich weiß nicht, wie viele Menschen, proportional gesehen, sich fürchten, im Vergleich zu jenen, die sich nicht fürchten, aber die Zahl derer, die sich nicht fürchten, muss wirklich äußerst niedrig sein. Doch das Mantram Maitreyas lautet: Fürchtet euch nicht!

Wenn Sie sich fürchten, werden Sie nutzlos. Sie blockieren sich selbst und sind nicht mehr in der Lage, zu handeln. Wenn Sie Angst haben zu handeln, dann fürchten Sie sich vor Veränderung, Sie fürchten sich vor dem, was eintreten könnte, wenn Sie handeln. Das ist der Zustand der Menschheit heute. Wir wissen, dass Kriege beendet werden können, aber wir lassen sie zu, weil wir uns fürchten.

Ich bin wirklich erstaunt, dass die Vereinten Nationen George W. Bush erlaubten, den Irak und Afghanistan anzugreifen. Ich verstehe nicht, wie sich Tony Blair dem anschließen konnte. Herr Blair ist ein intelligenter Mann, ein Rechtsanwalt, ein Premierminister mit einer großen Gefolgschaft, die er aufs Spiel gesetzt hat für den Ehrgeiz, der Prinz der Welt zu sein. Wenn Bush der König der Welt, der Schlossherr ist, dann ist Blair der Prinz. Wenn Bush der Boss, der König ist, Kopf des größten, stärksten, reichsten und einflussreichsten Landes der Welt, und wenn Blair sich dem anschließt und eine offensichtlich besondere

Beziehung zu Bush und Amerika hat, dann ist er der Prinz, der Nächste in der Reihe. So groß ist die Verblendung, die Illusion.

„Maitreya begibt sich nun in eure unglückliche Welt. Er kennt eure Agonie und euer Leid besser als ihr selbst, denn er kennt auch die Freude, die euer Geburtsrecht ist." (*„Der Einzug Maitreyas"*)

Das ist die Tragödie. Maitreya und die Meister sehen die Freude, die das Geburtsrecht der ganzen Menschheit ist, und dass es keinerlei Notwendigkeit für den Schmerz und das Leid gibt, das wir großenteils selbst herbeiführen – wenn nicht durch unser Karma, dann durch die falsch gewählten Regierungen (falls wir in einer Demokratie leben) oder durch das Fehlverhalten von Tyrannen und unheiligen Männern, die ihre Macht über die Bevölkerung ausüben.

So verharrt die Menschheit in einem schrecklichen Zustand: von Frieden träumend und davon, was nächstes Jahr für das Haus, für die Felder getan werden könnte, wie wir etwas säen oder dieses oder jenes tun könnten. Wenn wir nur ein wenig Geld hätten, könnten wir dieses kleine Stück Land umwandeln, und wir könnten vielleicht noch ein Kind haben, und vielleicht würde das Leben dann gut sein, ja, vielleicht.

Es gibt Millionen, buchstäblich Millionen Männer und Frauen auf der ganzen Welt, die so denken, die nur ein bisschen mehr Geld bräuchten, um irgendetwas Kleines zuwege zu bringen, eine kleine Renovierung des baufälligen Schuppens am Haus oder eine Vergrößerung ihres kleinen Stücks Land, damit nur ein wenig mehr wächst. Dann könnten sie vielleicht etwas davon verkaufen und ein bisschen mehr Geld verdienen und diesen winzigen Flecken ausbauen, den Millionen Kleinbauern besitzen, der aber zu klein ist, um ihre Familien zu ernähren.

Die Freude, die unser Geburtsrecht ist, ist für Maitreya immer präsent. Wenn Sie in Maitreyas Herz sehen könnten, würden Sie den Schmerz, das Leid, die schreckliche Agonie der unzähligen Millionen sehen, ihre Schreie, ihre Sehnsucht, mitunter auch nach dem Tod, nach einem besseren Leben, nach mehr Liebe, nach zusätzlichen Fähigkeiten, nach Bildung und Informationen darüber, wie sie ihre Familien ernähren können. Millionen sind in dieser Lage, und jeder Tag bedeutet für sie nur Schmerz und Leid, wie wir es mit unseren kleinen Schwierigkeiten kaum kennen. Das ist ein ständiges Leid, wie es die meisten Menschen im Westen nie erfahren. Und doch ist das die allgemeine Erfahrung von zwei Dritteln der Weltbevölkerung. Das ist das, was Maitreya sieht.

Das ist unaufhörlich in seinem Bewusstsein. Wenn Sie in sein Leben hineinschauen könnten, würden Sie das in seinem Herzen sehen; er trägt es immer in sich.

Gleichzeitig ist in ihm das Gefühl der Freude – seine Freude als Meister, als göttliches Wesen, dessen Natur Freude ist –, und diese zwei Dinge bestimmen seine Erfahrung. Er weiß, dass das Leid, die Agonie der meisten Menschen auf der Welt mit nur ein klein wenig mehr sehr leicht verändert werden könnte: ein wenig mehr Nahrung, ein wenig mehr Geld, ein wenig mehr Baumaterial – was auch immer benötigt wird.

„Diese ungebrochene Freude möchte er in euch wieder zum Leben erwecken. Dafür ist er unter euch." (*„Der Einzug Maitreyas"*)

Er kommt, um uns zu zeigen, wie wir als Seelen wir selbst sein können, und das Wesen der Seele ist Freude, endlose, uneingeschränkte Freude. Was dem Ausdruck und der Erfahrung der Freude im Wege steht, ist die Angst – unsere Lebensangst, unsere Todesangst, unsere Furcht vor allem, was sich verändern könnte. Die Furcht vor der Veränderung bestimmt die ganze Menschheit, und gleichzeitig haben wir alle eine tiefe Sehnsucht nach Veränderung, nach Verbesserung. Aber woher wissen wir, ob etwas eine Veränderung zum Guten ist? Das ist das Schwierige daran. Nicht Veränderung um ihrer selbst willen. Wir wollen, dass sich die Dinge zum Guten verändern, und wenn die Menschen nicht wissen, ob es eine positive Veränderung ist, laufen sie davon. Maitreyas Aufgabe besteht darin, der Menschheit zu zeigen, dass die Veränderung, nach der sie sich sehnen, zum Guten führt. Sie wird das Leben der großen Mehrheit der Weltbevölkerung transformieren.

Natürlich gibt es eine Menge sehr reicher, sehr mächtiger Leute, die Maitreya nicht so positiv erleben werden, die Maitreyas Ankunft als Warnsignal verstehen und erbittert darum kämpfen werden, dass Maitreyas Anwesenheit nicht ins allgemeine Bewusstsein dringt und ihre vertraute Lebensweise berührt. Das geschieht jetzt und geschieht bereits seit Jahren.

Nicht ohne Grund hat es dreißig Jahre gedauert, diese Information so weit zu verbreiten, dass bis heute dreißig Millionen Menschen die Geschichte von der Wiederkehr des Christus gehört haben. Davon sind etwa zwanzig Millionen aufgeschlossen dafür; sie meinen, dass die Geschichte wahr sein könnte, sie freuen sich darauf und hätten gerne, dass sie wahr ist. Sie können sich nicht dazu durchringen, geradeheraus zu sagen, sie sei wahr, weil sie nicht diese Überzeugung haben, aber sie haben ein positives Gefühl und fänden es wunderbar, wenn es so wäre. Diejenigen, die wirklich an die Geschichte glauben und sich dafür einsetzen, weil sie sie für eine Tatsache halten, machen etwa zwei Millionen Menschen aus. Das sind recht viele, auch wenn es im Vergleich zur Weltbevölkerung natürlich sehr wenige sind, aber es reicht.

Vor langer Zeit hat Maitreya in den Agni-Yoga-Büchern gesagt: „Es gab eine Zeit, da konnten zehn Menschen die Welt retten. Dann kam eine Zeit, da reichten zehntausend nicht aus. Ich werde mich an eine Milliarde wenden." Vor fünf oder sechs Jahren fragte ich meinen Meister: „Hat Maitreya bereits seine Milliarde Menschen?" Er sagte: „Eineinhalb Milliarden." Er hat jetzt weit über eineinhalb Milliarden Menschen, die bereit sind, auf seinen Aufruf zu Teilen und Gerechtigkeit in der Welt zu reagieren. Es müssen nicht alle Menschen beteiligt sein, aber es bedarf einer gewissen Menge, die diese Gewissheit, diese Überzeugung in Hunderten, dann Tausenden und dann Millionen weiterer Menschen hervorruft – in dieser entscheidenden kritischen Masse, die eineinhalb Milliarden überschreitet. Maitreya hat keinen Zweifel, wie die Menschheit reagieren wird.

„Nehmt ihn in euer Herz auf und lasst ihn euch dienen. Erkennt ihn als euren Freund und Bruder von alters her. Lasst ihn euch leiten und euch lehren; so werdet ihr in eurer Göttlichkeit wachsen. Die Zeit ist jetzt gekommen, wo ihr sein Angesicht sehen werdet. Sein Lächeln wird euch voller Liebe an seine Seite rufen. Ihr werdet eure Liebe – tausendfach vergrößert – wiederfinden und euch im Dienst an seiner Sache dem großen Plan, dessen Teil ihr seid, anschließen." (*„Der Einzug Maitreyas"*)

Jeder in diesem Raum ist in dieser Zeit inkarniert, um in irgendeiner Weise dem Plan zu dienen, zumeist, um den Weg für Maitreya vorzubereiten. Das ist den meisten von Ihnen bekannt, aber vielleicht nicht allen.

Der Große Herr ist nahe

Was wird das Resultat von Maitreyas Einzug in die Welt sein? Das wären interessante Überlegungen. Ein Resultat wird sein: „Reisepässe werden bald der Vergangenheit angehören. In der Zeit, die vor uns liegt, wird man jedes Land beliebig bereisen und verlassen können. So groß wird das durch die Anwesenheit Maitreyas geweckte Vertrauen sein, dass alle Türen offenstehen und sich ein reicher, reger Austausch zwischen den Völkern entwickeln kann. So werden die Menschen ihre Brüder kennen und lieben lernen und erfahren, wie wenig sie voneinander unterscheidet." (*„Der Große Herr ist nahe"*, Juni 1988)

Ist das nicht außerordentlich? Sie müssen nicht durchsucht werden. Sie müssen nicht Ihre Schuhe ausziehen. Sie müssen sich nicht dieser guillotineartigen Prozedur mit den Röntgenstrahlen unterziehen. Sie gehen einfach durch und zeigen Ihr Ticket, falls Sie überhaupt eines brauchen.

„In wenigen Wochen [das wurde vor geraumer Zeit geschrieben] wird Maitreya offiziell mit seiner Mission beginnen und alle an sich ziehen, die sich um die Welt sorgen und ihr mit ganzem Herzen dienen möchten. Seine Mitarbeiter und andere, die ihm nahestehen, werden den Boden bereiten und sein Konzept und seine Lehre vorstellen. Sobald eine gewisse Bekanntheit erreicht ist, wird er selbst auf der Weltbühne erscheinen.

Schon jetzt gestaltet sich die Politik der Länder unter seinem Einfluss neu. Viele in hohen Positionen wissen bereits von seiner Gegenwart und warten auf seine Ankündigung. So arbeitet er im Stillen und beeinflusst – im Rahmen des karmischen Gesetzes – die Zukunft der Menschheit.

Diese Zukunft ist voller Verheißungen. Mit dem Deklarationstag wird ein Prozess beginnen, der diese Welt verwandeln und die Menschen zu höchsten Errungenschaften befähigen wird.

An diesem Tag werden Männer und Frauen weltweit die Liebesnatur Gottes erfahren und erkennen, dass sie auch ihre eigene ist. Maitreyas Strahl wird in die Herzen dringen und ein völlig neues Verständnis wecken. Sein Ruf nach Teilen und Gerechtigkeit wird die Menschen so ansprechen und inspirieren, dass sie sofort darauf reagieren und die Welt nach seinen weisen Vorschlägen neu gestalten werden.

Nicht umsonst hat er mit seinem Erscheinen bis jetzt gewartet. Erst jetzt machen die Menschen den ersten Schritt, um ihr Haus zu ordnen. Daher kann er erst jetzt antreten und Führung anbieten.

Am Deklarationstag wird er die Zukunft des Menschen beschreiben und aufzeigen, vor welcher Alternative die Menschheit heute steht: Die Wahl des Menschen kann nur das Teilen sein, da nichts sonst den Planeten am Leben halten kann." (*„Der Große Herr ist nahe"*)
Wir, die entwickelte Welt, das heißt, ein Drittel der Weltbevölkerung, missbrauchen den Planeten und rauben ihm die Ressourcen und machen die Welt unbewohnbar. Die Welt kann heute den Wirtschaftsmethoden der westlichen Nationen mit ihren schrecklichen Folgen nicht mehr länger standhalten – der Umweltverschmutzung, die sich auf die Luft, das Land, die Flüsse und sogar die Meere erstreckt. Wir zerstören riesige Gebiete einstiger Wälder, die den Sauerstoff liefern oder lieferten, den wir zum Atmen brauchen. Wir machen diesen Planeten unbewohnbar. Selbst wenn das Teilen der Weltressourcen kein Problem wäre, könnte die Welt bei dem gegenwärtigen Missbrauch der Ressourcen zwangsläufig nicht mehr lange weitermachen. Wir müssen teilen, damit wir leben können, aber wir müssen auch lernen, einfacher zu leben, damit wir alle leben können. Wir müssen unseren Lebensstil vereinfachen und weniger und intelligentere Anforderungen an den Planeten stellen. Das ökologische Gleichgewicht der Welt wird eines der wichtigsten Anliegen Maitreyas sein. Er wird auf höchstem Niveau den Missbrauch des Planeten Erde und die zwangsläufigen Folgen aufzeigen, wenn wir so weitermachen wie bisher. Der dringende Handlungsbedarf wird den Wissenschaftlern einleuchten und durch sie auch den Regierungen der Welt. Bis zu einem gewissen Grad geschieht das natürlich bereits jetzt, aber noch nicht umfassend genug.

„Die Menschen sollten wissen, dass jeder gebraucht wird, um die Übel der Vergangenheit zu überwinden. Spaltung und Ausgrenzung haben uralte Wurzeln, die nicht leicht nachgeben werden. Deshalb sollte jeder es sich zur persönlichen Aufgabe machen, dem Christus bei seinem Werk der Umwandlung zu helfen und sein Bestes zu geben, um die Welt neu zu gestalten. Bald wird die Welt den Glanz in ihrer Mitte erkennen. Bald werden die Menschen ihn erleben und vor Freude weinen. Bald werden sie auch die Aufgabe, Beistand und Hilfe zu leisten, selbst übernehmen und damit ihre wahre Einheit wiederherstellen. So wird es sein. So werden die Menschen endlich die Brüderlichkeit erfahren, an die sie schon immer glaubten und die sie doch nie gefunden haben." (*„Der Große Herr ist nahe"*)

USA und Israel

Sie werden möglicherweise der Ansicht sein, dass wir uns nicht vorwärts, sondern eher rückwärts bewegen. Jedes Mal, wenn es eine Katastrophe wie den 11. September oder den Angriff auf den Irak oder etwas Ähnliches gibt, haben wir das Gefühl, einen Rückschritt zu erleben. Die Leute schreiben mir und fragen: „Wird dadurch Maitreyas Rückkehr in die Öffentlichkeit beeinflusst? Hat er seine Ankunft zurückgestellt?" Die Antwort lautet immer: nein. Diese Ereignisse sind keineswegs geringfügig, und sie haben auch ihre Auswirkungen auf die Menschheit; der 11. September hat auf Amerika eine Auswirkung gehabt wie kein anderes mir in der jüngsten Geschichte bekanntes Ereignis. Das ist eigentlich erstaunlich, weil der 11. September ein Anschlag war, der in kürzester Zeit, an einem einzigen Morgen auf ein Gebäude in einer Stadt und ein weiteres Gebäude in einer anderen Stadt verübt wurde, also auf zwei Gebäude – die Zwillingstürme in New York und das Pentagon in Washington –, und ein beabsichtigter, aber vereitelter Anschlag auf das Weiße Haus. Über 3000 Menschen wurden getötet, entsetzlich viele – aber nichts verglichen mit den vielen Menschen, die seit Jahren schon bei allen terroristischen Anschlägen auf US-amerikanische Vertretungen im Ausland, in Großbritannien durch die IRA, in Spanien durch die ETA ums Leben kommen. Nicht zu vergleichen mit den Terroranschlägen, die seit Jahren Monat für Monat verübt werden; an diese ständigen Anschläge kann man sich gewöhnen, wenn sie nicht total zerstörerisch sind, wenn sie nicht einen Lebensnerv im Alltag der beteiligten Menschen vernichten.

Aber der 11. September scheint eine große psychologische Auswirkung auf das amerikanische Volk gehabt zu haben, und das wurde von der gegenwärtigen Regierung ausgenutzt und unverhältnismäßig aufgebauscht. Die Amerikaner durften ihn nicht vergessen, so wie die Israelis den Holocaust – ein unvorstellbares, entsetzliches Geschehen – zu etwas machen, das unter keinen Umständen jemals vergessen werden darf. Sie haben ihn zu einem großen Symbol ihres Schmerzes und ihres Leidens aufgebaut, das ihnen scheinbar jede Gewaltausschreitung gegen die Palästinenser erlaubt. Die Angehörigen des jüdischen Volkes haben überall – und zwar zu Recht aufgrund dessen, was mit vielen Millionen Juden geschah, bevor Israel gegründet wurde – in der täglichen Erinnerung an diese Ereignisse gelebt, als sechs Millionen Juden in den Todeslagern in Deutschland umkamen. Aber es starben auch

Millionen Angehörige anderer Völker: Sinti und Roma, Polen, Ungarn, Rumänen und Russen – sie starben auf dieselbe Weise, an denselben Orten. Wir hören diese Klagen weder von den Russen oder den Polen noch von den Sinti und Roma, von den Rumänen oder irgendeinem anderen osteuropäischen Volk.

Ich versuche nicht, die Bedeutung oder den Schrecken der Todeslager herabzumindern, aber die Menschheit kann diese Ereignisse nicht auf alle Zeit als eine Illustration dessen hochhalten, wie grauenvoll die Menschheit mit sich selbst sein kann. Das ist, meine ich, ein gründlicher Irrtum seitens des jüdischen Volkes und besonders der israelischen Regierung, der dazu führt, dass die Welt deren Erfahrung immer nur durch die Augen ihres eigenen Selbstmitleids sehen kann. Es hindert das jüdische Volk daran, die Realität seiner eigenen Intoleranz und Kompromisslosigkeit dem palästinensischen Volk gegenüber wahrzunehmen. Von allen Völkern der Welt, die gelitten haben, seit Jahrhunderten gelitten haben, steht das jüdische Volk vermutlich an erster Stelle; aber in Bezug auf Palästina scheint das keine Rolle zu spielen. Der Holocaust wird von Israel benutzt, auch unbewusst, um die Unterdrückung der Palästinenser in einer Weise zu rechtfertigen, die herzlos und eine große Gefahr für die ganze Welt bedeutet.

Die Amerikaner wundern sich, warum sie gehasst werden. Nun, nach dem 11. September liebten die Menschen Amerika geradezu. Nach dem 11. September war die Welt voller Sympathie und Mitgefühl für das amerikanische Volk, weil es nahezu 3000 Menschen verloren hatte. Es waren natürlich nicht alles Amerikaner, aber in den Zwillingstürmen kamen auf einen Schlag an die 3000 Menschen ums Leben. Doch die Regierung hat die Situation manipuliert und einen „Krieg gegen den Terror" daraus gemacht. Es kann niemals einen Krieg gegen den Terrorismus geben, weil er ein weltweites Phänomen und kein Staat oder Land ist. Er ist ein Hirngespinst, gibt der Regierung jedoch das vermeintliche Recht, gegen jedes Land Krieg zu führen, von dem angenommen wird, dass es terroristische Aktivitäten unterstützt oder dazu anstiftet.

Die Amerikaner unterstützen selbst terroristische Aktivitäten und stiften dazu an. Sie unterstützen Israel mit sage und schreibe 4,3 Milliarden Euro im Jahr allein für Waffen, sodass die israelische Armee die mächtigste in dieser Region und eine der mächtigsten der Welt werden konnte. Es besitzt sogar die Atombombe. Niemand würde denken, dass es sie nicht besitzen sollte. Aber warum wurde dem Irak nicht erlaubt, die Atombombe zu besitzen? Warum sollte der Irak keine Massenvernichtungswaffen besitzen, wenn Israel es darf? Einer der Gründe, welche die gegenwärtige amerikanische Regierung für den Angriff auf den Irak vorbrachte, war, dass es 19 Resolutionen der Vereinten Nationen ignoriert hatte. Israel hat 63 Resolutionen ignoriert. Warum? Weil Amerika jedes Mal von seinem Veto im Sicherheitsrat Gebrauch macht und verhindert, dass die Resolutionen weiter verfolgt werden.

Das ist leider die Art von Regierung, die in den USA an der Macht ist. Eine Regierung, die die Unterdrückung der Palästinenser unterstützt und begünstigt, während sie gleichzeitig vorgibt, alles zu tun, um einen palästinensischen Staat innerhalb des Staates Israel zu errichten.

Das beste Angebot, das man den Palästinensern zur Lösung ihrer Probleme und für die Errichtung eines eigenen Staates gemacht hatte, wurde beim Abkommen von Camp David vorgebracht und von Arafat abgelehnt – und das zu Recht, weil es unfair und ungerecht war und aus diesem Grund nicht von Dauer gewesen wäre. Nichts kann von Dauer sein, was grundsätzlich ungerecht und unfair ist, weil das Volk unweigerlich dagegen revoltieren wird. Maitreya hat Arafat geraten, das Abkommen nicht zu unterzeichnen. Das ist einer der Gründe – es gibt viele –, weshalb Sharon Arafat hasst und verabscheut, und weshalb die Amerikaner versucht haben, Arafat auszuschalten und an seiner Stelle einen Premierminister einzusetzen.

Es ist für die Palästinenser nicht möglich, ein Abkommen zu unterzeichnen, das ihnen nur etwa vierzig Prozent ihres angestammten Landes zugesteht. Die Westbank gehörte bis zum israelischen Präventivschlag 1967 dem König von Jordanien. Maitreya fragte König Hussein von Jordanien (auf der Konferenz, die Maitreya im April 1990 in London veranstaltete), ob er die Oberhoheit über die Westbank aufgeben würde, damit sie zum Heimatland für das palästinensische Volk werden könnte. Der gute – inzwischen verstorbene – König von Jordanien stimmte dem Vorschlag zu, und so wurde die Westbank, zusammen mit dem Gazastreifen, das mögliche Heimatland für die Palästinenser.

Seither haben die Israelis das Land Stück für Stück beschnitten und über die ganze Westbank verstreut Siedlungen errichtet. Es sind große Gebäudeansammlungen mit Mauern darum herum und einer kleinen Armee, um sie zu sichern, sowie viele Verbindungsstraßen, die das ganze Westjordanland durchziehen. Sie zerteilen die Westbank, sodass das, was den Palästinensern angeboten wird, nur noch etwa vierzig Prozent des ursprünglichen Landes ausmacht. Das ist die Realität, und deshalb hat Maitreya Arafat geraten, das Abkommen nicht zu unterzeichnen. Aber es war das beste Angebot, das ihnen je gemacht wurde. Der Siedlungsbau ging immer weiter. Sie haben die Westbank völlig dezimiert und schneiden die Palästinenser von ihrem Land, ihren Obstplantagen ab und machen es ihnen unmöglich, ihren Lebensunterhalt zu verdienen. Jetzt bauen sie die Mauer. Sie tun das kalt und professionell, und reagieren damit auf das, was sie den „Terror des palästinensischen Volkes" nennen, das die einzige ihnen mögliche Methode anwendet, um irgendeine Entschädigung zu erhalten oder etwas Annäherndes wie Freiheit, wie sie Israel für sich selbst beansprucht.

Die ersten Israelis im Land brachten den Palästinensern den Terrorismus bei. Israel entstand durch Terrorismus. Es gab eine Reihe von Terrorgruppen wie die Stern-Gruppe und die Irgun Zeva'i Le'umi, die als Terroristen gegen die Briten und die Palästinenser kämpften und jene Gebiete „gewannen", die wir heute unter dem Namen Israel kennen. Sie kämpften und rangen um dieses Land, genauso wie das palästinensische Volk kämpft, um an dem kleinen Stück Land festzuhalten, das es Heimat nennen könnte. Diese Situation ist zutiefst ungerecht und wird von der US-Regierung und der Stärke des Dollar und der Armee aufrechterhalten. Es wird nie Frieden auf der Welt geben, solange diese Situation weiterbesteht. Ohne einen Frieden in Palästina wird es auch keinen Frieden auf der Welt insgesamt geben.

Der Krieg im Irak ist Teil eines größeren Krieges im Nahen Osten zwischen zwei antagonistischen Kräften, den Kräften des Lichts und den Kräften der Finsternis oder des Bösen. Die Kräfte des Bösen sind eine Replik der Achsenmächte im Krieg von 1939 bis 1945. Gegenwärtig gibt es drei solcher Eckpunkte des abgrundtiefen Bösen. Einer befindet sich in diesem Land, Amerika, und hat sein Zentrum im Pentagon; einer liegt in Israel und einer in Osteuropa. Diese drei Punkte ergeben ein Dreieck, das die gesamte Energie potenziert, die durch dieses Dreieck hindurchgeschickt wird.

Es ist dieselbe Energie (heute glücklicherweise in geringerer Potenz), die von 1939 bis 1945 Hitler, Mussolini und ihre Kreise sowie die Kriegshetzer in Japan angetrieben hat. Es ist die Energie der Kräfte des Bösen auf diesem Planeten. Um nichts Geringeres geht es hier. Die Meister haben gesagt, dass es der ganzen Stärke und Wachsamkeit der Menschheit wie auch der Hierarchie selbst bedarf, um diese Kräfte zu bändigen. Sie werden letztlich gebändigt werden, aber in der Zwischenzeit stiftet Israel im Nahen Osten Unfrieden – und schafft eine schreckliche Bedrohung –, und Amerika richtet das gleiche Unheil im

Irak und in Afghanistan an und ist bereit, das überall zu wiederholen, wo immer sich die „Notwendigkeit" dafür ergibt.

Ein okkultes Geschehen von großer Wichtigkeit, dessen wir uns bewusst sein müssen, besteht darin, dass sehr viele Angehörige der deutschen Streitkräfte – aus der Armee, der SS, einige Majore und Generalleutnants – sich in Israel inkarniert haben, und dass viele von ihnen hinter den Ereignissen stehen, die heute in Palästina stattfinden. Sharon ist ein alter Terrorist aus den Anfangszeiten Israels, und es gibt eine ganze Reihe von Männern seines Alters, die wie er damals Terroristen waren. Sie kämpften und terrorisierten die Bevölkerung, um den Staat Israel zu schaffen. Jetzt beschuldigen sie die Palästinenser des Terrorismus, den diese von den Israelis gelernt haben. Die Palästinenser haben sonst nichts, keine anderen Mittel – weil ihnen von den Israelis nicht erlaubt wird, eine Armee oder irgendwelche Waffen zu besitzen –, außer ihren selbst gebastelten Gewehren und den Waffen, die sie aus Ägypten einschmuggeln können. Es ist eine äußerst ungerechte Situation, und sie wird von der gegenwärtigen US-Regierung voll und ganz unterstützt.

Ihre Zeit wird noch kommen. Das ist die Endzeit für jene, die auf Endzeiten eingestellt sind.

Der Empfang Maitreyas

„Da Maitreyas Auftritt immer näherrückt, wollen wir uns die Reaktionen etwas genauer ansehen, die seine Anwesenheit möglicherweise auslösen wird. Zunächst einmal werden diejenigen, die sich dafür eingesetzt haben, ihn anzukündigen, wohl überrascht sein, dass die Reaktionen zurückhaltender sind, als sie erwartet haben." (*„Der Empfang Maitreyas"*, Oktober 2001)

Das sind weltweit Menschen wie Sie; die sich seit vielen Jahren eingesetzt haben, seine Anwesenheit bekannt zu machen, und die vielleicht überrascht sein werden, dass die Reaktion häufig gedämpfter ausfällt, als sie erwartet haben.

„Das mag am Anfang durchaus so sein. Zu Beginn seiner öffentlichen Mission muss der Große Herr behutsam vorgehen, um nicht jene zu verschrecken, denen er helfen will." (*„Der Empfang Maitreyas"*)

Würde Maitreya an die Öffentlichkeit treten und genauso reden wie ich, dann würde ihm niemand zuhören. Es würde die Menschen nur verstören, niemand würde ihn als den Christus oder Maitreya oder überhaupt als große Persönlichkeit erkennen, sondern nur einen „Spinner" in ihm sehen.

„Von daher sollte man sich zuerst auf einen ruhigen aber herzlichen Ton einstellen. Mit der Zeit werden seine Formulierungen eindringlicher und deutlicher werden." (*„Der Empfang Maitreyas"*)

Ich kann sagen, was mir passt, aber Maitreya hat kein geladenes Publikum vor sich, sondern spricht im Fernsehen, im Radio und so weiter. Deshalb ist es wichtig, dass er die Menschen nicht verschreckt.

„Mit der Zeit werden seine Formulierungen eindringlicher und deutlicher werden und sein Aufruf an die Menschen energischer. Stellt euch deshalb auf starke Worte und strengere Warnungen aus Maitreyas Mund ein." (*„Der Empfang Maitreyas"*)

„Erzählt von den Lügen!" Er sagt es, er ruft es hinaus: „Erzählt ihnen von den Lügen! Zeigt die Lügen auf! Zeigt die Lügen auf!" Zwei Mitarbeiter hielten kürzlich einen Vortrag, und Maitreya und der Meister Jesus saßen (inkognito) im Raum. Die beiden Mitarbeiter beantworteten Fragen, und einer von ihnen sagte: „Sie sind …" (er zögerte das Wort zu benutzen), und Maitreya oder Jesus sagte: „Nur zu, sagen Sie es! Sagen Sie das Wort!" Er zögerte noch immer. „Sagen Sie es!", drängten sie ihn. „Faschisten, Faschisten!" Maitreya wird sich sehr direkt äußern, aber nicht von Anfang an. Ein ruhiger, aber herzlicher Ton, und dann eine größere Eindringlichkeit, die immer intensiver wird.

„Im Laufe der Zeit wird es verschiedenste Reaktionen auf seine Äußerungen geben. Wer eher der Tradition verhaftet ist, wird viele seiner Ideen wohl nur schwer akzeptieren können und sie in aller Schärfe verurteilen. Wer weniger voreingenommen ist, wird darüber nachdenken und sie schätzen lernen, und aus diesen Kreisen werden sich viele bereitwillig seiner Sache anschließen. Sie werden sich zunehmend zu ihm hingezogen fühlen und seine Ratschläge aufgreifen.

Auf diesem Wege wird Maitreyas Lehre in den Menschen die höchsten Hoffnungen wachrufen und ihren Sinn für die Probleme und Gefahren unserer Zeit schärfen – und auch für die einfachen Mittel, mit denen sie für immer überwunden werden können. So wird es sein. So wird den Menschen die lang ersehnte Einsicht und Führung zuteil, sodass sie nach den Veränderungen verlangen, die für das menschliche Lebensgefüge wirklich notwendig sind.

Natürlich ist zu erwarten, dass auch viele die Lehren des Großen Herrn ablehnen werden. Einige Religionsgemeinschaften, die ihren Dogmen und Erwartungen sehr verhaftet sind, werden Maitreyas Gegenwart und seine Ideen bestreiten und viele unerfreuliche Vorwürfe gegen ihn erheben." (*„Der Empfang Maitreyas"*)

Neulich wurde ich von einem Zuhörer, der während einer abendlichen Radiosendung anrief, als das apokalyptische „Tier" bezeichnet. „Ich höre hinter dir den Atem der Bestie, George." George Noory war der Interviewer, und er sagte zu mir: „Sie klingen gar nicht wie eine Bestie."

„Dennoch werden viele inspiriert und mit neuem Vertrauen sich nach besten Kräften für seine Sache einsetzen. Das Wirtschaftskonglomerat, das in die jetzt zerfallenden Strukturen sehr viel investiert hat, wird zwei mögliche Reaktionsweisen zeigen: Diejenigen, die Maitreya als Feind all dessen ansehen, wofür sie stehen, werden sich gegen ihn stellen und seine Empfehlungen mit allen Mitteln hintertreiben. Andere dagegen werden ihn als die Stimme der Zukunft verstehen, als den einzig möglichen Weg für die Menschheit. Sie werden seine Ideen begrüßen und annehmen und ihn mit ihren Fachkenntnissen unterstützen." (*„Der Empfang Maitreyas"*)

In der Geschäftswelt werden etwa ein Drittel für ihn und zwei Drittel gegen ihn sein – also eine Menge Leute.

„So werden die Parteien handeln und Stellung beziehen: für oder gegen die Zukunft – das ist die Alternative, vor der die Menschheit steht. Die Massen werden ihren Führern folgen. Erst allmählich werden sie begreifen, dass Maitreya für sie eintritt – für ihre Bedürfnisse und ihre Hoffnungen auf ein besseres, sichereres Leben für ihre Familien, auf eine Zukunft, die ihnen, wie sie vage spüren, rechtmäßig zusteht, die aber erst noch geboren werden muss. Dann werden die Völker der Welt ihre Stimmen zur Unterstützung und zum Lob des Großen Herrn erheben, ihn zu ihrer Erleuchtung und Läuterung um seine Lehren bitten und sich bereitwillig in eine verheißungsvolle und segensreiche Zukunft führen lassen. (*„Der Empfang Maitreyas"*)

So wird es sein. Die Menschen werden Stellung beziehen. Das große Schwert der Unterscheidung wird in Aktion treten und deutlich machen, wer bereit ist für die Zukunft, bereit für den Wandel, wer bereit ist, eine Welt zu schaffen, in der alle Menschen ein anständiges Leben führen können – auf einem einfacheren Niveau, das aber insgesamt als ansprechender und lohnenswerter empfunden wird. Und alle, die das Ende ihrer Privilegien kommen sehen, ihrer Macht, ihres Geldes, ihrer Möglichkeiten, noch mehr Geld und deshalb noch mehr Macht zu bekommen, werden befürchten, dass dies nicht ihr Weg ist. Sie werden ihn bekämpfen, und sie tun es bereits.

Maitreya in Eile

„Viele wären heute über die Perspektiven erstaunt, die wir, eure Älteren Brüder, für den Menschen sehen. Ungeachtet der Fehlschläge und Spannungen, der Krisen und Sorgen wissen wir, dass die Menschen darüber hinauswachsen und die neue Zeit richtig gestalten werden. Wir wissen, dass die Zeit der Prüfung so gut wie vorüber ist, dass ein entscheidender Wendepunkt erreicht ist und der Mensch nun vor Entdeckungen jenseits seiner Vorstellungskraft steht.

Wir sehen aber auch die Probleme, mit denen die Menschen konfrontiert sind. Wir kennen die Sorgen, die in vielen Herzen jede Freude erstickt. Wir teilen den Schmerz und die Qual von Millionen, die ohne Hoffnung leben und sterben müssen.

Wir wissen, dass trotz der Gefahren und Ungerechtigkeiten der Geist der Hoffnung jederzeit wach werden und zu Großtaten beflügeln kann; er ist das Göttliche im Menschen und daher nicht auszulöschen.

‚Die dunkelste Stunde ist unmittelbar vor Tagesanbruch', sagt ein altes Sprichwort, das auch heute gilt. Inmitten von Chaos und Furcht, Verwirrung und Schmerz sehen wir die Auflösung und das Ende der Konflikte, den ersten Schimmer eines Lichts, das die Menschen wieder voller Hoffnung in die Zukunft blicken lässt.

Alles entwickelt sich gemäß dem Gesetz, so auch ein neuer Gleichgewichtszustand, der von uns geschaffen wird. Entgegen allem Anschein macht sich ein neuer Rhythmus bemerkbar, der diese dissonante Welt wieder ausbalancieren wird.

Dieses große Gesetz wird von Maitreya persönlich dirigiert, damit es in seiner kosmischen Dimension im täglichen Leben der Menschen wirksam werden kann. So werden sie wieder Hoffnung schöpfen und motiviert sein, ihre Zukunft in Übereinstimmung mit dem Plan neu zu gestalten." („*Maitreya in Eile*", September 2002)

Der Meister spricht hier natürlich über den Geist des Friedens oder des Gleichgewichts, dessen Energie jetzt in der ganzen Welt am stärksten vertreten ist. Sie ist nicht die stärkste per se, aber die in der Welt vorherrschende. Diese gewaltige kosmische Energie wirkt stärker auf die Ereignisse der Welt ein als jede andere der großen Energien, die von Maitreya freigesetzt werden.

Der Geist des Friedens und des Gleichgewichts wirkt, wie viele von Ihnen wissen, mit dem Gesetz von Aktion und Reaktion zusammen, das auf dem Gleichgewicht der Gegensätze beruht. Die Wirkung dieser Energie besteht darin, den Hass, die Gewalt und die Krise, den Aufruhr und die Spannung, die jetzt die Welt beherrschen, in ihr Gegenteil zu verwandeln. Dadurch werden wir in eine Epoche des Friedens und der Ruhe, des mentalen und emotionalen Gleichgewichts eintreten, die proportional das genaue Gegenteil der heutigen Situation ist, in der so viel Gewalt und Hass, Aufruhr und Zwietracht vorherrschen.

Durch das Wirken des großen Gesetzes von Aktion und Reaktion schafft dieser große Avatar, der Maitreya auf eine sehr ähnliche Weise überschattet, wie dieser in Palästina Jesus überschattete, täglich die Voraussetzungen für die Zukunft. Sie müssen sich zwar noch sehr viel stärker auf der physischen Ebene niederschlagen, aber sie transformieren die Welt bereits jetzt. Deshalb sind die Meister und Maitreya so hoffnungsvoll. Und diese Hoffnung gründet sich auf Wissen.

Der Avatar

„Bewusst oder unbewusst sind jetzt Millionen Menschen bereit, den Lehrer … zu empfangen." („*Der Avatar*", Oktober 1988)

Das ist interessant. „*Bewusst oder unbewusst*", sagt der Meister, sind jetzt Millionen Menschen bereit, den Lehrer willkommen zu heißen.

Dreißig Millionen Menschen haben diese Geschichte gehört, zwanzig Millionen sind offen dafür und meinen, dass sie wahr sein könnte, und zwei Millionen Menschen sind überzeugt davon.

„Alles wirkt nun zusammen, um dieses Segen bringende Ereignis herbeizuführen. Die kosmischen und planetaren Kräfte der Erneuerung ernten jetzt, was sie gesät haben, und schaffen die Voraussetzungen, die Maitreyas Kommen ermöglichen. Nachdem er durch das Gesetz bedingt einige Zeit mit seiner öffentlichen Mission warten musste, weiß er, dass dieses Gesetz bald erfüllt ist, die Schulden beglichen und die Möglichkeiten genutzt werden, sodass er nun in voller Herrlichkeit erscheinen und die Liebe und Dienstbereitschaft annehmen kann, zu der sich viele offen bekennen werden.

Seine Güte durchdringt schon jetzt die Welt. Seine Liebe umfängt alle Nationen in Ost und West, in Nord und Süd. Keiner entkommt dem Pfeil seiner Liebe.

Täglich weckt sein Strahl in den Menschen mehr Verständnis für ihre wahre Bestimmung und ruft aufs Neue ihre Hoffnung und ihr Vertrauen hervor.

Aus der ganzen Welt versammeln sich die Vertreter der Völker an seiner Seite und gewinnen durch ihn völlig neue Erkenntnisse. Bald wird diese Gruppe überragender Männer und Frauen offen über ihre Geschichte und ihre Erfahrungen sprechen und – über jeden Widerspruch erhaben – damit den Beweis antreten, dass der Christus mitten unter uns lebt. Millionen werden bei dieser Verheißung aufhorchen und fordern, den Repräsentanten Gottes zu sehen. Daraufhin wird er unter vielen Namen auftreten und die Hoffnungen aller Konfessionen erfüllen." (*„Der Avatar"*)

Ich nannte ihn den Christus, weil er das Christusprinzip verkörpert, aber natürlich erwarten ihn Muslime als Imam Mahdi, Juden als Messias, Hindus als Krishna, Buddhisten als Maitreya-Buddha (sie haben den richtigen Namen). Das sind alles Namen für ein und dasselbe Individuum, was für die Menschheit ein zusätzliches Problem darstellen wird, sowohl ein Problem als auch eine Überraschung und zuletzt eine Quelle der Freude, denn wenn sie ihn sehen, werden sie wissen: Das ist der Imam Mahdi, der Christus, Maitreya-Buddha, Miroko Bosatsu oder was immer der Name desjenigen ist, den sie erwarten. Das wird für die Menschheit eine unglaubliche Erfahrung sein.

Diese Stellvertreter des Volkes – Menschen, die Maitreya bereits bei früheren Zusammenkünften geschult und mit „einem völlig neuen Wissen" ausgestattet hat, eine Gruppe erleuchteter Männer und Frauen – werden ihre Geschichte erzählen, sie werden über ihn sprechen und berichten, dass sie ihn getroffen haben, dass sie ihn kennen und dass sie sich für seine Herkunft verbürgen können, aus welcher Perspektive sie es auch immer schildern werden. Das wird auf die breite Masse der Menschen einen großen Einfluss haben.

„Sein Ruf nach Gerechtigkeit, Frieden und Brüderlichkeit wird unter den Völkern gehört werden und Gottes Anteilnahme am Wohl aller Menschen bekunden. Seine Stimme wird sie an ihren Ursprung und ihre Bestimmung erinnern und sie zuverlässig zu Gottes Füßen führen.

Ihr könnt sicher sein, dass seine Aufgabe gut vorbereitet wurde. Seine Jünger haben sich nach einer inneren Schulung schon lange dieser Vorbereitungsarbeit gewidmet und kennen ihre jeweiligen Rollen genau. Wenn der Aufruf an sie ergeht, werden sie die Arbeit des Wiederaufbaus in jeden Winkel der Erde tragen und Elend durch Freude, Spaltung durch Einigkeit und Hass und Bosheit durch selbstlose Liebe ersetzen. So wird es sein. So wird die neue Zeit ihren glanzvollen Anfang nehmen, und die Menschheit wird begreifen, welche Verheißung Maitreyas Gegenwart bedeutet.

Gewiss werden nicht alle seine Herrlichkeit bezeugen; für manche strahlt der Mantel Gottes zu hell. Aber die meisten werden in ihm die Erfüllung ihrer Hoffnungen und Träume von Gerechtigkeit und Liebe, Vernunft und Freiheit sehen. Auf der Suche nach Beistand und Trost, nach Inspiration und einem Ziel, nach Erleuchtung und Liebe werden sich ihre Augen und Herzen ihm zuwenden. All dies wird er der Welt in reichem Maße schenken. Er ist ein breiter Strom der Wahrheit, der alle nährt, die in vollen Zügen von diesen Wassern trinken. Er ist ein Quell der Liebe, die alle in ihr Herz schließt. Er ist ein Avatar wie keiner je zuvor; er kommt, um den Menschen zu zeigen, dass auch sie Götter sind." (*„Der Avatar"*)

* Die Zitate von Meister –, die durch Benjamin Creme übermittelt wurden, sind ursprünglich in der Zeitschrift *Share International* erschienen und wurden später auch in dem Buch *Worte eines Meisters* (Edition Tetraeder, München) veröffentlicht.

** Eine Liste aller Erscheinungen Maitreyas befindet sich im Anhang des Buches *Die große Annäherung* (Edition Tetraeder, München).

Fragen und Antworten

Maitreyas unmittelbar bevorstehende Rückkehr

Warum hat Ihr Meister die Wiederkehr des Christus als Thema für Ihren diesjährigen Vortrag vorgeschlagen? Hat es damit zu tun, dass Maitreyas öffentlicher Auftritt nun unmittelbar bevorsteht?

Ja, natürlich. Der Meister hat [seit 23 Jahren in *Share International*] Artikel über die Rückkehr Maitreyas und deren Auswirkungen geschrieben. Darin befasst er sich auch mit den vielschichtigen Zusammenhängen, die bei der Vorbereitung auf dieses außergewöhnliche Ereignis bedacht werden müssen. Diese Artikel sind so angeordnet, dass sie manchmal zwei oder drei ähnliche Ideen oder Themen hintereinander behandeln und danach wieder andere Aspekte dieser Geschichte ansprechen. Das ist die Vorgehensweise eines Meisters, die man auch in den 140 Botschaften beobachten kann, die Maitreya durch mich übermitteln ließ und die in dem Buch *Botschaften von Maitreya – dem Christus* veröffentlicht wurden.

Maitreya behandelt darin jeweils ein bestimmtes Thema – beispielsweise die Wiederkehr, Armut, die Idee des Teilens – zwei- oder dreimal hintereinander in allen Facetten, um ein vollständiges Bild davon zu vermitteln. Anschließend nimmt er für einige Wochen ein anderes Thema auf. Danach kommt er mitunter wieder auf das erste Thema zurück, um es noch tiefgehender und unter weiteren Aspekten zu behandeln, die uns nie in den Sinn gekommen wären, die aber den Sinnzusammenhang erweitern.

Wenn die Meister – bei aller für sie typischen Spontaneität – einen Komplex von Lehren oder Informationen präsentieren, sehen sie ihn eher als Ganzes und betrachten dann jede Idee für sich und in aller Tiefe – in all ihren Facetten. Dann lassen sie diese wieder fallen, nehmen eine andere Idee auf, um damit in der gleichen Weise zu verfahren. So können sie eine enorme Bandbreite abdecken.

Die Meisterartikel scheinen abwechselnd den schrecklichen Zustand des Planeten und dann wieder den von den Meistern angeregten Fortschritt hervorzuheben. Welche Tendenz ist zurzeit in der Welt stärker?

Die stärkere Tendenz in der Welt ist derzeit der von den Meistern angeregte Fortschritt. Es stimmt, der Meister geht so vor, wie Sie es beschreiben. Doch wenn er in einem Artikel ausführlich den ernsten Zustand des Planeten und seine vielen Probleme behandelt, endet er immer mit einer positiven Anmerkung und macht Hoffnung. „Trotz der Notlage der Zeit, trotz des Terrors, des Hungers, trotz der maßlosen Ungerechtigkeiten in der Welt, sind die Menschen für den Christus bereit wie nie zuvor."

Vor 2000 Jahren waren sie noch nicht bereit für ihn, und deshalb konnte er nur drei Jahre bleiben. Diesmal wird er 2500 Jahre bleiben und die Transformation der Welt stimulieren. Das wird sicher eine sehr interessante Zeit sein.

Würden Sie alle Artikel nachlesen, könnten Sie feststellen, dass er mehr Nachdruck auf den erzielten Fortschritt legt, auf die großen Veränderungen, die bereits in die Wege geleitet wurden. Die Veränderungen, die bisher stattgefunden haben, hätten unter normalen Umständen hundert Jahre gedauert, sind aber bereits in zehn Jahren – manchmal fast über Nacht – zustande gekommen.

Ein Beispiel dafür ist das Ende der Apartheid in Südafrika. Erinnern Sie sich daran, wie lange die Apartheid in den USA dauerte und wie etabliert sie war. Auch jetzt noch fühlt sich nicht jeder Schwarze in Amerika sicher oder anerkannt, vor allem im Süden, aber verglichen mit der Situation vor gerade einmal vierzig oder fünfzig Jahren – denken Sie nur an die schreckliche Zeit Mitte der fünfziger Jahre, die McCarthy-Ära – hat sich eine enorme Wandlung vollzogen. Und ebenso hat sich die Situation in Südafrika völlig verändert.

Der richtige Zeitpunkt

Ist das für Maitreya jetzt nicht eine schwierige Zeit, um an die Öffentlichkeit zu treten?

Nach all den Jahren „Die Wiederkehr des Christus" als Thema zu wählen, kann nur bedeuten, dass die Zeit reif ist und Maitreya nun an die Öffentlichkeit treten und mit seiner Aufgabe beginnen kann. Man könnte meinen, das müsse für Maitreya ein furchtbarer Augenblick sein, und in gewisser Weise ist es das auch. Sich mit Menschen zu treffen, die aufnahmebereit sind, die zuhören und die Dinge, von denen er spricht, in die Praxis umsetzen können, ist eine Sache, aber mit skeptischen Journalisten im Rundfunk und Fernsehen aufzutreten, ist etwas ganz anderes. Nicht dass ihn Skepsis erschrecken könnte. Keineswegs. Das wäre auch kaum denkbar.

Anfänglich könnte es ziemlich schwierig sein, sogar für jemanden wie Maitreya – der nicht nur die Antworten auf alle ihm möglicherweise gestellten Fragen kennt, sondern auch weiß, welche Fragen er seinem Gegenüber gedanklich eingeben muss. Der Interviewer könnte sich also dabei ertappen, dass er Fragen stellt, die zu stellen er gar nicht beabsichtigte. Er hat sich möglicherweise einige Fragen notiert, stellt dann aber vielleicht noch ganz andere Fragen. Vielleicht wird es also doch nicht ganz so schwierig.

Dennoch, Maitreya hat es mit einer großen, weiten Welt zu tun, mit vielen verschiedenen Ländern, mit unterschiedlichen Systemen und Vorstellungen – sogar von denselben Dingen, denen noch dazu häufig unterschiedliche Werte beigemessen werden. Zu Anfang wird der Name Maitreya nicht fallen. Wenn der Interviewer aber klug ist, kann er möglicherweise erfassen, dass er jemanden Außergewöhnlichen vor sich hat, vor allem, wenn er merkt, dass er ihm Fragen stellt, die er gar nicht beabsichtigt hatte. Maitreya kennt natürlich die Antworten auf seine eigenen Fragen.

Man hat mich oft gefragt, wie das ablaufen würde. Er muss der Welt so viele Aspekte erklären, doch wie wird er sie vermitteln können? Wie der Meister sagt, und ich halte das für sehr aufschlussreich, werden die Gruppen, die wie Sie über all die Jahre an dieser Arbeit beteiligt waren, vielleicht enttäuscht sein; es wird Sie auf jeden Fall überraschen, wie ruhig und unauffällig er vorgehen wird, dass er keine nachdrücklichen Forderungen erhebt oder, wie Sie vielleicht meinen, die Gelegenheit versäumt, „schweres Geschütz" aufzufahren.

Maitreya wird dafür sorgen, dass er so oft wie möglich auftreten kann. Am Anfang ist das natürlich noch schwierig, aber er weiß, was er zu tun hat. Seine Auftritte werden immer häufiger werden, bis er im Fernsehen oder Radio auf der ganzen Welt eine regelmäßige Sendung hat.

Wartet Maitreya auf den günstigsten Zeitpunkt, um an die Öffentlichkeit zu treten, obgleich er das heute schon tun könnte? Was hält ihn davon ab?

Maitreya wartet auf den richtigen Zeitpunkt für seine Rückkehr in die Öffentlichkeit. Er wartet auf den Zeitpunkt, wo das, was er zu sagen hat, am besten und schnellsten akzeptiert werden kann.

Weltweit gibt es noch immer sehr viele Menschen, die nichts mit Maitreya oder seinen Ideen zu tun haben wollen. In allen Religionen gibt es Fundamentalisten, die zusammengenommen einen gewaltigen Block bilden: Denken Sie an die fundamentalistischen Christen, die fundamentalistischen Muslime, die fundamentalistischen Juden, inzwischen auch fundamentalistische Hindus und in einem gewissen Maß sogar fundamentalistische Buddhisten. Das sind außerordentlich viele Menschen, die erst einmal mit der Realität der Wiederkehr zurechtkommen müssen. Sie werden in Maitreya nicht den Christus oder den Imam Mahdi sehen – jedenfalls nicht sofort.

Der günstigste Zeitpunkt ist gekommen, wenn der Zusammenbruch der Wirtschaftsordnung den Westen ökonomisch in die Knie zwingt und ihn erstmals mit der Realität konfrontiert. Wir haben sehr lange in einer Scheinwelt gelebt. Wir glauben, und unsere Führer ebenso, dass wir mit den alten Methoden genauso weitermachen könnten wie bisher: noch mehr Wettbewerb, noch mehr Gier, noch mehr als bisher, und dass alles einfach immer so weitergeht und wir es schon schaffen werden. Aber das ist vorbei, das funktioniert nicht mehr.

Wenn zwei Drittel der Weltbevölkerung in Armut leben, dann funktioniert unsere Wirtschaftsordnung nicht. Wenn wir glauben, dass die Armen auch weiterhin nicht fordern werden, dass unser Wirtschaftssystem auch für sie funktioniert, dann haben wir jeglichen Bezug zur Realität verloren. Das wird Maitreya uns klarmachen.

Ein baldiger Zusammenbruch der Wirtschaftsstrukturen und der Aktienmärkte in Europa und Amerika wäre für Maitreya das Signal, um an die Öffentlichkeit zu treten. Das wird uns wieder auf den Boden der Tatsachen zurückbringen. Das ist einer der Faktoren, auf die Maitreya wartet: dass dadurch der Sinn für die Realität geweckt wird. Wir müssten erkennen, dass das System nicht mehr funktioniert. Wir dachten, dass es funktioniert, und anscheinend hat es einigen von uns auch genützt, aber dabei haben wir aufgrund unserer Selbstgefälligkeit überhaupt nicht an jene gedacht, denen es nicht dient. Eine der Hauptaufgaben Maitreyas wird es sein, dieser Selbstgefälligkeit einen Dämpfer aufzusetzen, sodass wir uns recht unbehaglich fühlen, wenn wir selbstgefällig sind.

Ich kann mich noch erinnern, wie einmal bei einem meiner Vorträge jemand sagte: „Ich dachte, dies sei eine Botschaft der Hoffnung, aber das ist ja grauenvoll. Ich bin ganz unglücklich. Ich fühle mich schuldig und elend." Darauf habe ich erwidert: „Ausgezeichnet. Genau das nennt man

Liebe." Diese Selbstgefälligkeit muss erschüttert werden. Wenn die Leute sich nur „ach, wie wunderbar" fühlen wollen, ändert sich auf der Welt nichts. Es ist wichtig, dass sie wissen, dass der Christus da ist und nicht nur er, und dass die Welt zu Veränderungen bereit ist und sich verändern wird. Wenn die Leute aber erwarten, in Wohlgefühl versetzt zu werden, hilft das der Welt nicht, weil sie so nichts für die Welt tun werden.

Wartet Maitreya noch immer auf den Börsenkrach?
Ja, er wartet noch immer auf den Börsenkrach. Doch wenn die politischen Ereignisse einen sehr kritischen Punkt erreichen sollten, würde er auch unabhängig von einem Börsenkrach an die Öffentlichkeit treten – wenn er beispielsweise erkennen könnte, dass seine Gegenwart und das, was er zu sagen hat, einen starken Einfluss auf die politische Situation haben wird.

Was könnte Maitreya veranlassen, früher zu kommen?
Es gibt einige mögliche Krisen, die ihn dazu veranlassen könnten, eher zu kommen. Aber er kennt das Gesetz und wird sich, dessen können Sie sicher sein, genau daran halten. Gleichzeitig weiß er aber auch, welchen Spielraum das Gesetz ihm lässt und was er im Rahmen des Gesetzes alles tun kann.

Er wird über das Karmagesetz sprechen, über das er mehr weiß und das er besser versteht als seine Mitarbeiter, die Meister, die, wie wir vermuten würden, sämtliche Feinheiten des Karmagesetzes kennen.

Sollte jedoch ein Ereignis eintreten, das eine Bedrohung für den Weltfrieden darstellte, dann würde Maitreya auch ohne den Börsenkrach abzuwarten seine Arbeit in der Öffentlichkeit beginnen. Allerdings müsste dies schon eine sehr gefährliche Situation sein, und selbst dann dürfte sein Handeln das Karmagesetz nicht verletzen. Er muss so genau differenzieren, weil es um kosmische Entscheidungen geht und er kosmische Energien dirigiert.

Das ist ein sehr komplexer Vorgang. Er muss bei allem, was er tut, Tausende kosmischer Möglichkeiten in Betracht ziehen und entscheiden, welche Aktivität förderlich und welche eher abträglich wäre. Ständig muss er sehr fein und diffizil Entscheidungen treffen. Seine Arbeit ist also keineswegs einfach. Aus diesem Grund versuche ich, die Komplexität der Situation zu erklären.

Sobald eine wirkliche Gefahr für die Welt bestünde, ein weltweiter Flächenbrand, der auch den Einsatz von Atomwaffen einschließen würde, könnte Maitreya handeln. Er würde, so verstehe ich es, die Energien aktivieren, die diese Entwicklung unterbinden würden. Es könnte aber auch ein ganz anderer Anlass sein. Nicht, dass die Meister jemals Gewalt anwenden würden, aber es könnte etwas sein, das die Herren des Karmas zum Eingreifen veranlassen würde. Das wäre auch möglich. Halten Sie sich aber nicht mit solchen Überlegungen auf.

Es gibt Mögliches und Unmögliches. Doch auf die Meister bezogen, lässt sich nicht sagen, dass irgendetwas unmöglich sei. Für sie gibt es immer eine Möglichkeit. Die Meister sind außerordentlich mächtig, und wie mächtig erst ein Avatar wie Maitreya ist, wird sich wahrscheinlich niemand vorstellen können. Er beherrscht und lenkt Energien, die noch nie zuvor auf diesem Planeten gemeinsam wirksam wurden.

Er ist ein unvorstellbar mächtiges Wesen und muss diese Macht im Rahmen des Gesetzes anwenden. Das ist das Einzige, was ihn in seinem Handeln einschränken könnte.

Steht angesichts des Konflikts im Nahen Osten ein Dritter Weltkrieg bevor?

Nein. Würden wir uns in einer Situation befinden, die so brenzlig wäre – zurzeit ist sie schon aufgeheizt [August 2006] –, dass ein Dritter Weltkrieg unvermeidlich wäre, dann würde Maitreya intervenieren.

Weil das aber den menschlichen freien Willen verletzen würde, wäre es besser, wenn er nicht intervenieren müsste. Doch im Notfall würde er eingreifen. Allerdings wäre er dann, in dem, was er für die Menschheit tun kann, für einige Zeit eingeschränkt, bis unser Karma ihm erlauben würde, alles für uns zu tun, was ihm möglich ist. Wenn er dieses „karmische Geschenk" dazu verwendete, einen Dritten Weltkrieg zu verhindern, würde es ihn daran hindern, manches andere zu bewirken, was er sonst hätte tun können.

Mit ihrem größeren Weitblick wissen die Meister, dass sich die Situation letztendlich klären wird und Frieden geschaffen werden kann. Sie wissen, wie Maitreya sagt, dass das Ende von Anfang an bekannt ist. Haben Sie keine Angst. Das bedeutet nicht, stillzusitzen und nichts zu tun. Das ist der springende Punkt.

Sie müssen zum Handeln inspiriert sein. Er sagt: „Nichts geschieht von selbst. Der Mensch muss seinen Willen einsetzen und handeln." Viele, die voller Idealismus sind, meinen, dass etwas, was sie sich vorstellen können, tatsächlich schon existiert; und dass zu wissen, dass

Gott vollkommen ist, bedeutet, dass die Welt ebenfalls vollkommen ist. Sie dürfen aber Ihre Augen nicht vor all den Missständen in der Welt verschließen. Das wäre töricht. Das ist kein erwachsenes Verhalten. Seien Sie erwachsen und sehen Sie den üblen Tatsachen in der Welt ins Auge und tun Sie etwas dagegen. Sie müssen handeln und Ihren Willen dazu benutzen. Wenn Sie Frieden, Gerechtigkeit, Teilen und richtige menschliche Beziehungen wollen, müssen Sie etwas dafür tun. Machen Sie publik, dass Sie das wollen. Wählen Sie die richtigen Leute, um das zu erreichen. Werden Sie aktiv, und geben Sie sich nicht einer Traumwelt hin.

Dies ist eine Zeit wie keine andere in der Geschichte. Sie wird sich nicht wiederholen. Erstmals seit 98.000 Jahren kehrt die Hierarchie der Meister in die Welt zurück. Und Sie haben die Gelegenheit, für die Meister zu arbeiten, Maitreya die Arbeit zu erleichtern, den Weg zu ebnen und seine Anwesenheit in der Welt bekannt zu machen. Warten Sie nicht, bis Maitreya an die Öffentlichkeit tritt. Erzählen Sie jedem, der Ihnen zuhören will, dass er hier ist, was seine Pläne und seine Prioritäten sind: richtige menschliche Beziehungen, Teilen, Gerechtigkeit, Frieden. Der Schutz des Planeten ist die erste Priorität. Sie müssen sich selbst dafür einsetzen, und nicht nur jemandem wie mir zuhören.

Wir alle müssen uns daran beteiligen und den Menschen mitteilen, was in der Welt geschieht und dass es eine so aufregende Zeit wie diese nie zuvor in der Weltgeschichte gegeben hat. In dieser Zeit zu leben ist ein unermesslicher Segen.

Trotz all dem Schmerz und dem Leid in der Welt sind die Möglichkeiten für die Menschheit doch immens.

Wenn Sie sagen, dass Maitreya bald an die Öffentlichkeit treten wird, meinen Sie damit ein Fernsehinterview?

Sein erster öffentlicher Auftritt wird im amerikanischen Fernsehen erfolgen, ja. Dieser Vortrag heute ist ein Hinweis, das können Sie mir glauben, dass Maitreyas Rückkehr in die Öffentlichkeit, wie es der Meister so oft formuliert hat, *bald* stattfinden wird. Sie wissen inzwischen ja, was das bedeutet. Es geschieht jetzt wirklich sehr bald und sogar früher, als Ihnen möglicherweise lieb ist. Glauben Sie denn, diese Arbeit wird leichter, wenn Maitreya bekannt wird? Ganz im Gegenteil: Jetzt ist sie noch leicht, aber sie wird schwerer werden. Sie werden ständig agieren müssen und in Diskussionen verwickelt werden und auch Konfrontationen erleben.

Gelangt Maitreyas Botschaft auch nach Afrika?
Maitreya lebt in London abwechselnd in verschiedenen Hindutempeln. Er besucht Moscheen und Kirchen, lebt aber in Tempeln – mal einige Jahre in diesem, mal in jenem Tempel. Während dieser Zeit vermittelt er den Swamis des jeweiligen Tempels seine Ideen über die Transformation der Welt und schickt sie daraufhin in die Welt hinaus. An jedem der Orte geben sie ihre Erfahrungen und die Lehren Maitreyas an die Menschen weiter. Mithilfe dieser vielen Swamis, die alle sehr gebildete, intelligente, von der Hindutradition geprägte Männer sind, gelangen Maitreyas Lehren in die ganze Welt. Das geschieht kontinuierlich. Viele von ihnen gehen in Hindugemeinden nach Asien und Afrika, wo sie als Swamis in den Tempeln gebraucht werden.

Geistige Krise

Sie sprachen davon, dass es wichtig sei, die Informationen über die Wiederkehr so zu gestalten, dass die Menschen sie im Kontext ihrer Erfahrungen aufnehmen können. Wie können wir dabei die Seele der Menschen ansprechen und nicht ihre Ängste, wie es häufig bei vielen anderen Gruppen üblich ist?
Es ist unmöglich, jemandem etwas über die Wiederkehr des Christus und der Meister zu erzählen, ohne dabei seine Seele zu berühren und die Seelenqualität, seine Intuition, anzusprechen. Es ist eine Sache von Versuch und Irrtum: Bei manchen Menschen schlägt es fehl, bei anderen gelingt es. Wenn Sie versuchen, sich als Seele zu verhalten und alles vom Standpunkt der Seele aus zu sehen, bedeutet das nicht, eine mystische Sichtweise anzunehmen. Die Seele ist nicht mystisch. Sie ist zwar für die meisten Menschen ein großes Mysterium, aber sie ist keine mystische Idee.

Die Welt aus der Sicht der Seele zu betrachten, stellen sich viele als etwas Erhabenes, Mystisches vor. Das ist es nicht. Sie können und sollten bei der Vermittlung dieser Geschichte so praktisch wie ich vorgehen. Einige, die zu meinen Vorträgen kommen, sagen: „Ich dachte es geht hier um die Wiederkehr des Christus. Dabei dreht sich ja alles um Politik und Ökonomie." Es geht um beides. Politik und Ökonomie sind große spirituelle Ideen.

Die gegenwärtige globale Krise ist eine spirituelle, eine geistige Krise. Sie ist eine Seinskrise. Die Menschheit weiß nicht, wer oder was sie ist, woher sie kommt und wohin sie geht. Die ganze Welt befindet sich in einer geistigen Krise, die sich heute auf politischem und ökonomischem Gebiet konzentriert.

Aus diesem Grund ist uns im Westen das Mitgefühl abhanden gekommen. Wir wissen und tolerieren, dass Millionen Menschen im Osten und in Afrika sterben, weil ihnen die Nahrungsmittel fehlen, die in den Warenhäusern des Westens verrotten. Das ist ein spiritueller Sachverhalt. Die Tatsache, dass wir das hinnehmen können, ist ein spirituelles Versagen. Es ist nicht nur ein Versagen unseres gesunden Menschenverstandes, ein Versagen bei der Verteilung oder in der Buchhaltung, als hätten wir sie bei der Planung übersehen und als sei die Nahrung daher irgendwie nicht bei ihnen angekommen. Es ist nicht diese Art von Versagen. Vielmehr resultiert es aus einem inneren geistigen Mangel. Wir sind nicht, was wir zu sein glauben. Wir halten uns für klug, intelligent und in der Lage, unser Leben und das unseres Landes so zu führen, dass es für uns alle vorteilhaft ist. Das ist nicht wahr. Sie mögen klug und intelligent sein. Sie mögen gute Ideen haben. Sie mögen auch die besten Absichten haben. Aber wenn Sie nicht im eigentlichen, im praktischen Sinn spirituell sind, werden Sie die Eigenschaften – klug zu sein, intelligent und an andere zu denken – nicht umsetzen. Sie werden selbstgefällig sein und denken: „Es geht mir gut, wir haben es hier doch recht gut getroffen. Was soll schlecht sein an unserem Land? Es ist großartig. Wir führen ab und zu mal einen Krieg, um irgend so einem Emporkömmling eine Lehre zu erteilen, aber abgesehen davon geht es uns gut", und vergessen dabei, dass Sie nur ein Teil der Welt sind.

Spirituell zu sein, bedeutet in Wahrheit, die Welt als ein Ganzes zu sehen und global zu denken. Das wird gegenwärtig am meisten benötigt. Alle Regierungen sollten von einer gebildeten Öffentlichkeit unter Druck gesetzt werden, die größeren Zusammenhänge und die Notwendigkeit richtiger zwischenmenschlicher Beziehungen auch auf politischem und ökonomischem Gebiet zu erkennen – und nicht nur im Sinne von freundschaftlichen Beziehungen im privaten Rahmen.

Es ist kein Entweder-oder. Natürlich sind auch die freundschaftlichen, persönlichen Beziehungen wichtig. Aber dieselben freundschaftlichen Gefühle sollten Großbritannien, Frankreich, Amerika, Japan und alle Industrieländer auch den Afrikanern, den Indern und all jenen Menschen entgegenbringen, die leiden, die nur von einem Dollar am Tag leben – also einem Fünftel der Weltbevölkerung. Es ist unglaublich. Es gibt

1,3 Milliarden Menschen auf der Welt, die von nur einem Dollar am Tag leben müssen. Millionen von ihnen sterben täglich, stündlich, in jeder Sekunde an Hunger.

Die Tatsache, dass wir das geschehen lassen, ist die geistige Krise. Wir neigen dazu, ausschließlich unter wirtschaftlichen und politischen Aspekten darüber nachzudenken. Aber die wirtschaftliche und politische Realität ist Ausdruck der geistigen Krise. Wir müssen den Kern des Problems erkennen, und das sind die falschen zwischenmenschlichen Beziehungen. Wir scheinen das nicht zu erkennen und messen der Tatsache, dass die Menschheit eine Einheit ist, keine Bedeutung bei.

Es gibt nur eine Menschheit, eine als Menschheit bezeichnete Gruppe: das Menschenreich. Es ist nicht das einzige Naturreich, noch nicht einmal das wichtigste. Wir denken dabei immer nur an einen Teil, an die entwickelte Welt, und halten diesen für den bedeutendsten Teil des bedeutenden Menschenreichs.

Aus der Sicht der Meister ist das Menschenreich nur eines von vielen, das zwar außerordentlich wichtig ist, aber zur Evolution des Planeten Erde gehört. Und der Planet Erde ist Teil der Evolution des Sonnensystems und so weiter und höher und höher. Aus dieser Entwicklung kann man nicht ausscheren. Sie können nicht irgendwann beschließen: „Lasst uns hier aufhören, das ist Amerika, jetzt wollen wir uns nur um Amerika kümmern." Dazu neigen die USA, sich nur um sich selbst zu kümmern. Und das macht auch Großbritannien, sich hauptsächlich um britische Interessen kümmern. Ist diese Haltung im britischen, amerikanischen, französischen, italienischen, japanischen oder russischen Interesse?

Wir reduzieren alles immer nur auf spezifische, lokale und nicht globale Interessen. Es gibt aber keine speziellen amerikanischen, russischen oder britischen Interessen. Es gibt Weltinteressen, Menschheitsinteressen, und wenn diese nicht berücksichtigt werden, wird es keine Menschen auf der Welt mehr geben. Das müssen wir begreifen, und das ist es, was Sie vorbringen können.

So spricht die Seele, so sieht sie die Welt. Wenn die Leute das hören, sagen sie: „Sie haben recht", weil ihre Seele ihnen sagt, dass es richtig ist. Sie sehen aus der Perspektive der Seele. Wenn sie es jedoch nicht als Seele sehen, sehen sie es auch nicht als geistige Krise, sondern lediglich als wirtschaftliche oder politische Krise. Natürlich sind es auch politische und wirtschaftliche Krisen, aber das sind gleichzeitig die Felder, auf denen sich die geistige Krise fokussiert.

Könnten Sie bitte etwas über den Mechanismus der Selbstgefälligkeit sagen?
Der Mechanismus der Selbstgefälligkeit beruht auf Gewohnheit. In den USA werden Sie in eine ausgesprochen materialistische Gesellschaft hineingeboren und wachsen mit dieser Lebenseinstellung auf, was Sie unvermeidlich selbstgefällig werden lässt. Da Sie in der Schule und von den Medien dementsprechend erzogen werden, gehen Ihre Vorstellungskraft und Ihre Wahrnehmung von der Welt nicht über Amerika hinaus. Das kommt unter anderem auch daher, dass Ihr Land so groß ist. Sie haben einflussreiche Nachrichtensender, die tagtäglich Ihr Bewusstsein nur damit füttern, was in den USA geschieht. In den USA salutieren die Schüler jeden Tag vor der amerikanischen Flagge. Das ist aber nicht überall üblich. Anderswo könnte man Schulkinder wohl kaum dazu bewegen, vor der Nationalfahne zu salutieren. Die würden Sie für verrückt erklären. In den USA aber halten Sie das für selbstverständlich. Da die Vereinigten Staaten im Vergleich zu vielen anderen Ländern sehr reich sind, kann man in dieser materialistischen Atmosphäre leicht das Gefühl bekommen, dass bei einem selbst alles bestens sei und man sich keine Gedanken über die Lebensumstände der Menschen in anderen Ländern zu machen bräuchte. Die USA sind ein noch recht junges Land, daher meinen viele, dass die Leute auf eigenen Füßen stehen und das Beste aus ihrem Leben machen müssten. Da ist zwar viel Wahres daran, aber auf die Spitze getrieben, führt das zu einer Selbstgefälligkeit, die den Weltfrieden gefährdet.

In den Vereinigten Staaten trifft ein Teil Europas, sozusagen über den Atlantik transportiert – Briten, Franzosen, Niederländer, Deutsche, Skandinavier, Spanier mit Menschen aus anderen Teilen der Welt zusammen, beispielsweise mit Afrikanern, die als Sklaven ins Land gebracht wurden. Es ist eine einzigartige Mischung, die aber Teil eines bestimmten Plans ist, und Sie gehören sozusagen zu diesem Plan dazu. Sie sind alle aus einem bestimmten Grund hier, der mit der Wiederkehr des Christus zunächst gar nichts zu tun hat.

Sie sind deshalb hier, weil drei große Experimente in der Welt stattfinden – eines hier in Nordamerika, eines in Russland und eines in Großbritannien. In den USA ist es der Versuch, vor allem aus Europa, nicht unbedingt aus der ganzen Welt, Menschen zusammenzubringen. Mit einigen Ausnahmen wurden sie in diesen großen Schmelztiegel gebracht, um sich miteinander zu vermischen und jeweils etwas anderes zu werden. Wenn Sie beispielsweise halb schwedische und halb schottische Wurzeln hatten, können nach einigen Generationen noch iranische, ungarische und weitere Einflüsse dazugekommen sein. Das ist ein Gemisch, ein riesiger Schmelztiegel. Sie sind der „Käse", der aus dieser Schmelze entsteht.

Sie sind ein anderer Menschentypus geworden. Sie sind Amerikaner, also etwas ganz anderes, als Sie bzw. Ihre Vorfahren waren. Letztlich wird sich aus diesem Mix der Typus eines Amerikaners herausbilden, der sich in seinem Erscheinungsbild deutlich von den anderen Nationalitäten unterscheidet.

In Russland besteht ein anderer Plan. Dort sollen Völkergruppen zusammengebracht werden. Russland, das sich über ein Sechstel der Erdoberfläche erstreckt, ist noch weitaus größer als die USA. Dieses Russland, wie wir es kennen, reicht bis nach Moskau und von dort so weit, wie man von einem Flugzeug aus sehen kann – weit in den Osten, Land hinter Land, und im Süden bis zur Ukraine und dazu all die anderen Länder. Sie alle gehörten der Sowjetunion an, bevor diese auseinanderbrach. Jedes dieser Länder ist nun unabhängig und Teil einer Föderation. Diese Föderation bedeutet, dass alle diese verschiedenen Völker einmal in Harmonie zusammenleben werden, ohne Mischehen einzugehen oder miteinander zu verschmelzen, wie es in den USA geschieht.

Dasselbe gilt für Großbritannien. Das britische Commonwealth, das aus Kolonien rund um den Globus bestand, ist nun ein Verbund unabhängiger Staaten. Wir haben hier in Großbritannien große Bevölkerungsgruppen aus diesen Ländern: aus Südafrika, aus verschiedenen Staaten in Ost- und Westafrika, allen Staaten der westindischen Inseln in der Karibik, auch einigen aus Nord- und Südamerika, aus Indien, Pakistan, Bangladesch und Sri Lanka. Wir haben Hongkong an die Chinesen zurückgegeben, aber Leute von dort kommen nach wie vor hierher nach Großbritannien. Es gibt große Gruppen von Menschen aus der ganzen Welt in Großbritannien. In manchen Städten könnte man meinen, man sei in Indien – jeder Laden, jedes Restaurant ist indisch, alles sehr farbenfroh, eine ganz andere Atmosphäre als beispielsweise in der Nachbarstadt, die durch und durch britisch sein kann.

Dies ist eine beabsichtigte Mischung von Menschen aus aller Welt, aber keine Vermischung oder Verschmelzung; sie haben sich ihre Eigenart als Inder, Pakistani, Afrikaner bewahrt. Sie leben keineswegs isoliert voneinander, aber als eigene Gruppen mit ihrer eigenen Religion und eigenen Tradition; sie eröffnen Läden, Cafés und Restaurants – wenngleich dieses

Zusammenleben nicht immer nur harmonisch verläuft. Das Ziel besteht darin, dass all diese unterschiedlichen Menschen, die große Teile der Welt repräsentieren, lernen, in Harmonie zusammenzuleben. Dort lebt auch Maitreya, und daher ist diese Entwicklung dort vielleicht auch leichter möglich.

Diese drei Experimente haben mit Völkergruppen zu tun. Das eine hier in Amerika ist ein Gemisch. Das ist auch einer der Gründe für die typischen Probleme in diesem Land. Wenn Sie Menschen unterschiedlicher Herkunft in so großer Zahl zusammenbringen wie hier in den USA, sind damit natürlich auch Probleme verbunden. Doch mit der Zeit werden sie sich immer weiter vermischen, das „Durchrühren" wird weitergehen. Die amerikanischen Meister rühren kräftig um.

Es ist ein sehr interessantes Experiment, was sicher viele Fragen zu den gesellschaftlichen Verhältnissen und auch zum Aussehen der Menschen in anderen Ländern beantworten kann.

Freier Wille

Sie haben davon gesprochen, dass Führungskräfte aus verschiedenen Bereichen mit Maitreya und den Meistern Kontakt hatten und von ihm vorbereitet wurden. Warum ist ihre Tätigkeit in der gegenwärtigen Situation nicht offensichtlicher?
Ich frage mich, ob das wahr ist. Wie offensichtlich sollte das Ihrer Ansicht nach sein? Auf welchem Gebiet haben Sie nachgeforscht? Ich weiß nicht, was Sie erwarten. Es gibt überall auf der Welt Menschen, die ebenso wie wir wissen, dass Maitreya in der Welt ist, und die auch wissen, warum er hier ist. Auch wenn sie vielleicht nicht den ganzen esoterischen Hintergrund seiner Rückkehr kennen, wissen sie doch, dass ein großer Lehrer in der Welt ist, der aus ihrer Sicht der Christus sein könnte. Sie wissen, dass er sehr klare Vorstellungen davon hat, wie und in welche Richtung sich die Menschheit verändern muss, und dass sie dabei behilflich sein können, indem sie den Lauf dieser Veränderung beeinflussen. Sie wissen das, schreiben aber nicht in den Zeitungen darüber. Sie befinden sich nicht unbedingt in Frankreich, Deutschland oder den Niederlanden. Möglicherweise aber in Südamerika – ja, in Südamerika gibt es sie, und ebenso in China und in Russland.

Wir in Europa neigen zu der Annahme, dass alles wirklich Wichtige in Europa passiert, genau wie man als Amerikaner meint, dass die entscheidenden Dinge in den USA geschehen. Das ist natürlich nicht der Fall. Einige Dinge – einige der übelsten und auch einige gute Dinge – geschehen tatsächlich in Amerika und Europa, doch vieles, was für die Menschheit wirklich wertvoll ist, und was für Sie nicht ersichtlich ist, wird in Ländern wie Südamerika, China und Russland – auch auf den höheren politischen Ebenen – zunehmend offensichtlicher. Dort gibt es ein deutliches Ja zu Veränderungen – auch gibt es nicht mehr den kommunistischen Revolutionsführer alten Stils, sondern einen neuen Typus des linksgerichteten, dem Volke verpflichteten demokratischen Führers, der jetzt in mehreren Ländern Südamerikas und anderswo auf der Welt in den Vordergrund tritt. Diese Vorgehensweise ist gesünder als die alte, derzeit aussterbende Oligarchie sowjetischen Stils, sowohl im Osten wie im Westen. Die Demokratie ist eine Realität und die von den Meistern bevorzugte gesellschaftliche Lebensform.

Die Arbeitsweise der Meister entspricht nicht unbedingt der einer Demokratie. Die geistige Hierarchie ist – wie der Name sagt – hierarchisch aufgebaut. Die Meister finden es ganz selbstverständlich, dass Maitreya mehr weiß als andere Meister, weil er weiter entwickelt und älter ist und über eine Kenntnis kosmischer Aspekte verfügt, die die seiner engsten Jünger übersteigt – selbst wenn sie Eingeweihte sechsten Grades sind. Als Mitglieder der Hierarchie wissen sie, dass jeder, der weiter entwickelt ist, ein höheres Bewusstsein besitzt, also über ein umfassenderes und tiefgehenderes Wissen und größere Weisheit verfügt. Dennoch arbeiten sie insofern demokratisch, als jeder Meister einen Arbeitsbereich übernimmt und ihn seinem eigenen Bewusstsein entsprechend eigenständig in der Welt umsetzt. Er ist für seinen eigenen Arbeits- oder Lehrbereich verantwortlich und hat das demokratische Recht, seine Ansichten auf den kollektiven hierarchischen Versammlungen vorzutragen, bei denen alle Ideen besprochen und beurteilt werden.

Uns fällt es schwer, eine hierarchische Lebensauffassung und die Verschiedenheiten von Menschen zu akzeptieren. Länder wie die Niederlande, Schweden und Norwegen beispielsweise, die sehr demokratisch sind, finden die Vorstellung, dass es eine Hierarchie gibt, dass es Menschen gibt, die Meister sind, geradezu abstoßend. Sie meinen immer, dass die Meister uns vorschreiben würden, was wir zu tun hätten. Wie ich seit Jahren zu erklären versucht habe, sind die Meister aber keineswegs hier, um uns vorzuschreiben, was wir zu tun haben. Die Meister werden uns nur in dem Sinne beraten und unterweisen, als sie die Folgen von Handlungen aufzeigen: Das heißt, wenn wir etwas Bestimmtes tun, wird das unweigerlich eine bestimmte Reaktion nach sich ziehen; wenn wir aber etwas anderes tun, wird sich daraus etwas anderes, vermutlich Besseres ergeben. Dann überlassen sie uns die Wahl. Wenn wir intelligent sind, befolgen wir ihren Rat. Sie zeigen die Folgen der verschiedenen Handlungsweisen auf, die uns offenstehen. Um Entscheidungen zu treffen, ist das ein enormer Bonus – einen Meister, Lehrer, Berater zu haben, der Ihnen genau aufzeigt, welche Folgen die jeweiligen Vorgehensweisen nach sich ziehen. Dann können Sie selbst entscheiden, welchen Weg Sie einschlagen wollen. Es geht nur darum, was Sie wollen; wir haben einen freien Willen. Ich kann diese Tatsache gar nicht genug betonen.

Wir verstehen noch nicht wirklich, was freier Wille bedeutet. Wir haben zwar eine oberflächliche Vorstellung davon, aber wir begreifen die tiefgreifende Qualität des freien Willens noch nicht und warum es für die Meister ganz unmöglich ist, unseren freien Willen zu verletzen. Der freie Wille ist das wesentliche Merkmal unserer Natur; er macht eine Evolution überhaupt erst möglich. Ohne den freien Willen würden wir uns nicht weiterentwickeln. Die Meister sind für den Evolutionsplan verantwortlich, sie sind also aktiv an der Evolution beteiligt, und die menschliche Evolution ist ein Teil davon. Würden sie unseren freien Willen verletzen, der für die Fähigkeit, sich überhaupt zu entwickeln, Voraussetzung ist, würden sie ihren eigenen Bemühungen und der gesamten Evolution der Menschheit ein Ende bereiten – das wird nie geschehen. Wir müssen uns bewusst machen, wie wichtig dieser freie Wille ist, und ihn nicht als etwas betrachten, an dem wir festhalten, auch wenn wir wissen, dass wir etwas Falsches tun.

Nun kommt also jemand daher, ein Lehrer zum Beispiel, der die Antworten kennt, weil er den gleichen Weg schon zurückgelegt hat, der deshalb weiß, dass, wenn man dieses tut, jenes passieren wird, und es Ihnen sagt. Wenn Sie darin eine Verletzung des kostbaren freien Willens sehen, dann werden Sie aus dieser Qualität keinen Nutzen ziehen können.

Ich kenne Menschen, die die Tatsache der Anwesenheit der Meister in der Welt nicht akzeptieren, selbst wenn diese in aller Öffentlichkeit auftreten. Sie wollen von der Hierarchie keinen Ratschlag annehmen, weil sie Demokraten sind und keinerlei hierarchische Supervision akzeptieren, da sie das Gefühl haben, ihr Recht, sie selbst und demokratisch zu sein, würde eingeschränkt. Sie sind geradezu von Demokratie besessen. Sie haben der Demokratie in unserem gesellschaftlichen Leben

– zu Recht – zu einer großen Bedeutung verholfen, sie dann aber zur Gottheit erklärt. Sie haben daraus eine Ideologie gemacht und sich dahinter verschanzt, weshalb sie sich nicht weiterentwickeln können. Sie können etwas Höheres als „ihre" Demokratie nicht akzeptieren.

Sie sind nur Menschen und daher, wie alle Menschen, durch ihre Entwicklungsstufe limitiert. Ich weiß nicht, was der durchschnittliche Entwicklungsgrad intelligenter regierender Politiker auf der Welt ist. Ich würde vermuten, dass er etwa bei 1.4 oder 1.35 liegt. Das reicht aber nicht. Sie verhalten sich astral; sie sind nicht mental polarisiert. Daher können sie keine objektiven Entscheidungen treffen und bringen die Welt nur in Unordnung.

Der Entwicklungsgrad der Menschen, die von Maitreya und den Meistern geschult wurden, liegt bei 1.5 oder höher, und wahrscheinlich gibt es darunter auch einige Eingeweihte zweiten Grades, die von einer höheren Ebene aus arbeiten und eine Situation objektiver sehen können. Auch wenn sie möglicherweise noch fanatisch und in ihre eigene jeweilige Ideologie verstrickt sind, haben sie doch schon ein größeres Verständnis für das Ganze. In den Dingen, auf die es ankommt, sind sie toleranter, auch dann, wenn sie christliche oder muslimische Fanatiker oder Ähnliches sind.

Nationen – Völker und ihre Politiker

Ich finde es interessant, dass ein Land wie Deutschland in weniger als einem halben Jahrhundert von der Gewaltherrschaft eines so üblen Führers wie Hitler zur Wahl einer Führungspersönlichkeit wie Willy Brandt gelangen konnte – ein Mann, der die Kommission leitete, die einen echten Konsens für die Entwicklung eines beispielhaften Wirtschaftsprogramms für die Zukunft erreichte. Ist dies ein Beispiel dafür, wie weit die Menschheit von einem ins andere Extrem wechseln und eine positive Richtung einschlagen kann?

Das ist sicher beispielhaft. Ich weiß aber nicht, ob man es als Beispiel für das, was Sie ansprechen, heranziehen kann. Es ist erstaunlich, dass es in Deutschland nicht sehr lange nach Hitler Willy Brandt gab. Brandt wurde gewählt, Hitler aber wurde nicht ordnungsgemäß gewählt – die Wahl war manipuliert. Er wurde nicht vom Volk gewählt. Außerdem war Willy Brandt ein Eingeweihter dritten Grades und wurde von Maitreya gebeten, den sogenannten Brandt-Report zu erstellen. Willy Brandt war ein in einem demokratischen Prozess gewählter Regierungschef, er war ein Demokrat. Er trat zurück, als er es nicht hätte tun müssen, wegen einer völlig offenkundigen Aktion eines seiner Untergebenen. Er nahm die Schuld auf sich. Es war ein großer Verlust für Europa, ein echter Verlust für die Welt.

Willy Brandt wurde von Maitreya sehr kurze Zeit nach seiner Ankunft in der Welt kontaktiert. Maitreya kam im Juli 1977 nach London und nahm im November 1977 Kontakt mit Willy Brandt auf. Er schlug ihm vor, eine Kommission einzuberufen, die aus Wirtschaftsfachleuten mit unterschiedlichen Ansichten, von der äußersten Linken bis zur äußersten Rechten, und bedeutenden Männern und Frauen aus so vielen Ländern wie nur möglich bestehen sollte. Brandt stellte diese Kommission zusammen, die dann im Konsens das zustande brachte, was als Bericht der Brandt-Kommission veröffentlicht wurde. Sie empfahl nichts Geringeres als das Teilen der Weltressourcen und die Umgestaltung unseres Wirtschaftssystems – eine gewaltige Leistung. Es war ein großer Verlust für die Welt, dass Willy Brandt in Deutschland nicht an der Macht blieb.

Interessant ist, warum Hitler von 1933 bis zum Kriegsende 1945 Deutschland beherrschte. Er herrschte aufgrund der Macht zweier, sich abwechselnder Mitglieder der Schwarzen Loge, die wir als die Quelle des Bösen bezeichnen und die während dieser Zeit buchstäblich seinen Körper übernahmen und Besitz von ihm ergriffen. Dieses Böse war nicht das Böse Deutschlands, obwohl es in einem anderen Land sicher nicht hätte geschehen können. Es geschah nicht in Frankreich, Großbritannien oder den Niederlanden. Es fing in Italien mit Mussolini an. Deshalb entstanden die Achsenmächte. Hitler, Mussolini und eine Gruppe von Militaristen in Japan schufen ein Machtgefüge mit drei Eckpunkten, ein Dreieck. Die in diesem Dreieck fließende Energie wurde von den dunklen Mächten potenziert. Die Meister der Schwarzen Loge kennen diese Zusammenhänge genauso gut wie die Meister der Weißen Loge. Sie benutzen sie lediglich für andere Zwecke.

Deutschland ist noch eine sehr junge Nation, weshalb die Bevölkerung in ihren Lebensäußerungen sehr astral ist – ebenso wie die USA und viele andere Länder. Wäre Deutschland eine ältere Nation gewesen, wäre es Hitler vermutlich nie gelungen, an die Macht zu kommen. Ich will damit nicht sagen, auf keinen Fall, sondern möglicherweise. Die Unreife einer Nation verschafft solchen Männern die Gelegenheit, aufzusteigen und die Macht zu übernehmen. In einem gefestigten, auf

Gewaltenteilung beruhenden System kommt es im Allgemeinen nicht zu einer solchen Situation.

Ich glaube nicht, dass es eine logische Folge von Hitler zu Willy Brandt gibt, wie es die Frage andeutet. Denn solche Ereignisse haben immer etwas mit der Bereitschaft eines Landes und dem Auftreten von bestimmten Personen zu tun. Wenn ein Land zu irgendetwas bereit ist, tauchen die Personen auf, die es ausführen können. Es ist eine okkulte Tatsache, dass in jeder Geschichtsepoche diejenigen Seelen inkarnieren, die die Fähigkeit haben, die Probleme ihrer Zeit zu bewältigen. Es kommen Menschen in die Welt, die geschult und bereit sind, die Probleme aufzugreifen und die Menschheit weiter voranzubringen.

Vom Standpunkt der Meister aus vollzieht sich die Entwicklung der Menschheit ziemlich kontinuierlich. Wir dagegen sehen sie als ein Auf und Ab. Für die Meister sind die Kriege von 1914 bis 1945 *ein* großer Krieg, der es den Meistern erlaubte, in die Welt zurückzukommen. Maitreya kündigte sein Kommen 1945 an, nachdem die Mächte des Bösen, die Herren der Materialität, wie die Meister sie nennen, besiegt waren. Die Niederlage der Herren der Materialität ermöglichte es der Hierarchie, ihre Arbeit auf der physischen Ebene vorzeitig wieder aufzunehmen.

Wie erschien Maitreya Willy Brandt? Wusste Brandt, wer er war?
Ja, er wusste es, und er führte seine Aufgabe aus. Er war ein Eingeweihter dritten Grades und wusste, was geschah.

Hängt es immer von der Kombination aus führenden Politikern und der Bevölkerung eines Landes ab, ob bestimmte Probleme angegangen werden oder nicht? Könnte es auch Zeiten geben, wo potenzielle Führer es mit einem Volk zu tun haben, das nicht die Charaktereigenschaften oder Qualitäten besitzt, die zur Umsetzung ihrer Ideen notwendig wären – oder umgekehrt: das Volk hat keine geeigneten Führer?
Es ist nicht ganz so, aber häufig gibt es Führungspersönlichkeiten, denen die Unterstützung für eine demokratische Regierung fehlt. Dann hat ein Land zwar Führer, ist aber noch zu jung und politisch nicht reif und bewusst genug. So werden die Führer zu Diktatoren – wie Napoleon, der Europa transformierte und Staaten schuf, die vorher nicht existierten.

Der amerikanische Freiheitsmythos

Sie sagten, dass die Welt darauf warte, dass sich Amerikas Seele manifestiert. Wird das demnächst ausschließlich durch die Eingeweihten in den USA oder auch durch die breite Bevölkerung zustande kommen?
Das geschieht durch die Eingeweihten. Die Seele eines Landes zeigt sich immer durch seine Eingeweihten, während seine Persönlichkeit durch die breite Masse zum Ausdruck kommt. Die Persönlichkeit der USA steht unter dem Einfluss des 6. Strahls des abstrakten Idealismus oder der Hingabe. Amerikaner sind in der Tat bereit, alles für ihre Ideale zu tun. Das Ideal der Freiheit ist wahrscheinlich ihr größtes Ideal, zumindest hören wir am meisten davon. Aber von Gerechtigkeit ist kaum etwas zu hören, weil die Idee der Gerechtigkeit im Bewusstsein der amerikanischen Bevölkerung nicht verankert ist.

Amerika hat den Freiheitsgedanken in einem Maße überhöht, der meines Erachtens mit Freiheit nichts mehr zu tun hat: Freiheit wird so interpretiert, dass man jederzeit und uneingeschränkt alles tun kann, was man möchte. Wenn man einem Amerikaner begegnet, erkennt man sofort den starken 6. Strahl, der bereit ist, sämtliche Hindernisse auf dem Weg hinwegzufegen. Für ihn ist das kein falscher, sondern der ideale Weg, und das bedeutet für ihn Freiheit.

Der US-Präsident erklärte, dass die Freiheit der USA durch einen so kleinen Staat wie den Irak bedroht sei. Doch der Irak besaß keine Massenvernichtungswaffen. Wie konnte er also Amerika bedrohen? Das Ganze ist absurd. Ich kann nicht verstehen, dass so viele Amerikaner auf die Behauptung ihrer Regierung hereinfallen konnten, dass der Irak, der keine Massenvernichtungswaffen besaß, irgendwie eine Gefahr für Amerika sei. Er stellte nie eine Bedrohung für die USA dar. Er könnte eine Gefahr für Kuwait sein und sicher auch für die Kurden, für den Iran vielleicht, obwohl ich das bezweifle. Der Irak könnte eine Gefahr für Syrien sein, wenn er das wollte. Syrien ist wahrscheinlich das einzige Land, für das der Irak eine echte Bedrohung dargestellt haben könnte, weil es an den Irak grenzt. Syrien besitzt keine echten Massenvernichtungswaffen. Zu meinen, der Irak wäre eine Gefahr für die USA, ist unsinnig. Und dass Tony Blair wiederum die Briten und ein Drittel seiner Partei davon überzeugen konnte, dass der Irak eine Bedrohung für Großbritannien darstellte, war ebenso absurd. Es stimmte einfach nicht.

Der Freiheit wurde eine Position zugewiesen, wo es jene Freiheit, um die es wirklich geht, nicht mehr gibt. Freiheit ist für den Menschen unabdingbar. Ohne Freiheit gibt es kein richtiges Leben. Sie ist eine große, göttliche Qualität – genauso wie Gerechtigkeit. Ohne Gerechtigkeit kann es keine Freiheit geben und ohne Freiheit keine Gerechtigkeit.

Der amerikanische „Freiheitsmythos" gründet sich darauf, dass die breite Masse der US-Amerikaner an etwas glaubt, das sie für Freiheit hält, doch an Gerechtigkeit glaubt sie offensichtlich nicht. Ich habe festgestellt, dass in der Vorstellung der Amerikaner Gerechtigkeit mit Rechtsordnung gleichgesetzt wird. Rechtmäßigkeit ist ihnen ein großes Anliegen. Das amerikanische Rechtssystem ist zudem sehr hoch entwickelt. Doch das hat, außer im juristischen Sinne, noch nichts mit Gerechtigkeit zu tun. Gerechtigkeit ist etwas anderes: Sie hat mit richtigen zwischenmenschlichen Beziehungen zu tun, genauso wie die Freiheit. Das eine kommt ohne das andere nicht aus.

Die breite Masse der Bevölkerung, in der sich die Persönlichkeit der USA manifestiert, hält Freiheit für eine zwingende Notwendigkeit für alle Menschen und stellt Gerechtigkeit so weit hintenan, als ob es sie nicht gäbe. In diesem Land leben 275 Millionen Menschen, von denen etwa 44 Millionen keine Gesundheitsversorgung erhalten. Das ist unglaublich. Das bedeutet, dass ein großer Teil der Bevölkerung es sich nicht leisten kann, zum Arzt zu gehen, Zahnersatz oder, wenn notwendig, eine Zahnbehandlung zu bekommen und Angst davor hat, krank zu werden, weil sie dann unbezahlt frei nehmen müssen. Das ist eine Schande.

Darum gehören zu Maitreyas Prioritäten, wie er sagte: ausreichende Nahrung, angemessener Wohnraum, Gesundheitsversorgung und Bildung. Das sind die Grundbedürfnisse aller Menschen und daher selbstverständliche Menschenrechte. Sie sind auch in der Charta der Vereinten Nationen verankert, die in weiten Teilen von Präsident F. D. Roosevelt ausgearbeitet wurde. Das ist allgemein bekannt, und dennoch wird die Idee der Gerechtigkeit in den USA kaum beachtet. Man weiß zwar auch, was Gleichheit bedeutet, aber man mag sie nicht. Man nennt das Kommunismus bzw. Sozialismus.

Maitreya sagt, kein Staat könne sich auf nur einem Rad fortbewegen. Wenn man den Staat mit einem Karren gleichsetzt, braucht er zwei Räder, sonst fährt er nicht. Auf einem Rad allein, das entweder Kapitalismus oder Sozialismus heißt, kann er sich nicht fortbewegen. Der Karren, die politisch-ökonomische Struktur, läuft nur, wenn man die besten Errungenschaften beider Systeme nutzt. Die Meister empfehlen als beste Mischung ein Verhältnis von 70 Prozent Sozialismus und 30 Prozent Kapitalismus.

Warum spricht niemand über die Ursachen des Terrorismus?
Weil die Leute sie nicht verstehen und nur Angst haben. Das überrascht mich auch nicht, da es einer ziemlich differenzierten Sichtweise bedarf, um zu erkennen, dass es für den Terrorismus eine Ursache gibt. Die Leute haben schreckliche Angst davor, vor allem in den USA und ganz besonders seit dem Anschlag vom 11. September auf das World Trade Center. Das war für die Bevölkerung eine traumatische Erfahrung. Der Anschlag hat das Denken und Fühlen in den USA mehr als jedes andere Ereignis seit dem Zweiten Weltkrieg verändert. Die Leute sehen darin einen schrecklichen, absolut unerträglichen Affront gegen ihre Vorherrschaft, gegen ihre Unbesiegbarkeit, anstatt zu sagen, das war ein Terrorangriff, wir müssen unsere Verteidigung gegen den Terrorismus ausbauen – und dann zum nächsten Thema überzugehen, was immer das sein mag. Und nicht Vergeltung an den Menschen von Afghanistan zu üben, die im Allgemeinen keine Terroristen waren, und auch nicht an den Menschen im Irak, die ebenfalls keine Terroristen waren und die seit einem Jahrzehnt niemanden mehr angegriffen haben (das letzte Mal galt der Angriff ihren Nachbarn und nicht Amerika).

Dass es für den Terrorismus eine Ursache gibt, ist für die meisten kaum vorstellbar. Es hat mit der auf der Welt vorherrschenden Ungerechtigkeit zu tun. Die Vorstellung, dass die Idee der Gerechtigkeit genauso real und bedeutsam ist wie die Idee der Freiheit, ist vor allem für die Menschen in den USA, aber auch in anderen Ländern, nur schwer zu akzeptieren.

Wie viele Eingeweihte dritten und vierten Grades gibt es in den USA?
Diese Frage werde ich nicht beantworten, obwohl ich es könnte. Sie messen den USA damit nur wieder zu viel Gewicht bei. Sie müssen lernen, Ihr Land nicht ganz so wichtig zu nehmen. Sie sehen die USA als eine Erweiterung Ihrer selbst an. Die Welt ist die wirkliche Erweiterung unserer selbst.

Wir leben in einer Welt, in der es ungefähr 865.000 Eingeweihte ersten Grades, etwa 250.000 Eingeweihte zweiten Grades, 2000 bis 3000 Eingeweihte dritten Grades, 450 Eingeweihte vierten Grades und 63 Meister gibt.

Karma – das Gesetz von Ursache und Wirkung

Sie sagten, dass sich einige ehemalige Nazis in Israel inkarniert hätten. Wie es scheint, setzen sie das Muster ihres vorherigen Lebens fort – Unterdrückung, rassistisch motivierte Misshandlung anderer und Landnahme für das „auserwählte" Volk. Inwieweit hilft das Gesetz des Karmas den Seelen, dass sie lernen und sich weiterentwickeln können?

Das Gesetz des Karmas hilft den Seelen nicht, dass sie lernen und sich weiterentwickeln können. Aber natürlich ist das Gesetz des Karmas für die „Versetzung" dieser NS-Militärs und anderer Naziführer nach Israel verantwortlich, die sich dort nun genauso verhalten, wie sie es in ihrer vorherigen Inkarnation in Deutschland getan haben.

Das liegt an ihrer Strahlenstruktur und daran, dass sie sich jetzt wieder in einer ähnlichen Situation befinden. Sie sehen sich als Israelis und als solche reagieren sie auf die jetzigen Probleme. Diese bestehen für sie darin, dass Israel immer wieder von jungen Männern und Frauen heimgesucht wird, die sich in einem Bus oder einem Café in die Luft sprengen und Israelis töten. Für die israelische Bevölkerung ist diese Situation unerträglich. Das Unvorhersehbare daran erschüttert sie – und Terror zu verbreiten, ist ein Merkmal des Terrorismus.

Führt das Gesetz des Karmas dazu, dass die Seelen lernen und sich weiterentwickeln können? Diese Frage lässt eine idealistische Betrachtungsweise vermuten. Doch das Gesetz des Karmas hat nichts mit Idealismus zu tun. Es ist ein sehr gütiges Gesetz, das wir selbst in Bewegung setzen und das uns jeweils die Ereignisse präsentiert, die wir ausgelöst haben. Wenn wir denken, schaffen wir Gedankenformen. Unser Handeln erzeugt Ursachen und die Ursachen erzeugen Wirkungen. Diese Wirkungen sind das, was wir erleben. Sie machen unser Leben aus, im Guten wie im Schlechten. Das ist das Gesetz des Karmas, und es beweist die Notwendigkeit, sich in jeder Situation friedfertig zu verhalten – und das wissen die Menschen nicht.

„Hilft das Gesetz des Karmas den Seelen, dass sie lernen und sich weiterentwickeln können?" Diese Menschen haben sich in Israel in Relation zu den vielen Juden inkarniert, die sie in Deutschland selbst unterdrückt und ermordet haben. Sie haben nach Gründen gesucht, um die Juden zu hassen. Es war Hitlers Ziel, sich nach Möglichkeit aller Juden auf der Welt zu entledigen. Das konnte er zwar nicht, aber in Europa haben die Nazis etwa sechs Millionen Juden umgebracht. Dafür sind sie verantwortlich – nun sind sie als Juden zurückgekommen.

Das bedeutet nicht, lernen, um sich weiterzuentwickeln. Vielmehr beruht es auf dem Gesetz von Ursache und Wirkung, mit anderen Worten, auf Karma. Sie sind jetzt dieselben Menschen, die sie in ihrer vorherigen Inkarnation so sehr gehasst und unterdrückt haben. Sie bringen auch die Eigenschaften ihrer Strahlenstrukturen mit, das heißt, sie setzen die gleichen Energien ein, die ihnen auch schon in Deutschland zur Macht verhalfen. Sie waren damals nicht in den Spitzenpositionen der SS und in der Armee, sondern die Chargen eine Stufe darunter. Es sind nicht nur Einzelne, sondern viele. Viele Nazis haben sich auch in Argentinien und anderen Ländern wie beispielsweise den USA inkarniert.

Könnten Sie etwas über den Zusammenhang zwischen der Entfesselung der Kräfte der Materialität und den karmischen Konsequenzen für die Menschen, durch die diese Kräfte aktiv werden, sagen? Ist die Energie des Antichrists und die Energie der Kräfte der Materialität ein und dieselbe?

Ja, es ist dieselbe Energie. Hitler ist nicht mehr inkarniert, er befindet sich in einem Zustand, den die Christen als Fegefeuer bezeichnen würden. Wie lange, weiß ich nicht, aber sicher eine sehr lange Zeit. Es besteht ein direkter Zusammenhang zwischen den Konsequenzen, die eine Person zu tragen hat, und dem Ausmaß ihrer Zusammenarbeit mit den Kräften der Involution. Je größer und negativer die Auswirkung auf die Welt ist, desto größer und schwerer wird auch das Karma dieser Person sein.

Es gibt aber auch einige Menschen, die nicht von Grund auf böse sind, wie Stalin. Stalin, ein Eingeweihter zweiten Grades, war nicht grundsätzlich böse. Er war gewissermaßen „grau", nicht „schwarz". Er arbeitete im Wesentlichen nicht mit der Energie des Bösen. Er setzte sich für ein Ideal ein, für das, was er für das Wohl Russlands hielt.

Was er Einzelnen und Millionen von Menschen Schreckliches angetan hat, tat er für die „gute" Sache – für seine Idee des neuen Russlands. Das hat etwas von einem Idealismus, der sich von dem simplen, brutalen Wirken der Kräfte des Bösen durch Hitler und seiner Clique unterscheidet. Ich zähle Stalin daher nicht zu dieser Gruppe, würde ihn aber als „grau" bezeichnen. Es handelt sich um einen persönlichen Machtmissbrauch und einen Mangel an Unterscheidungsvermögen zwischen Gut und Böse. Hitler dagegen (ebenso ein Eingeweihter zweiten Grades) war buchstäblich von diesen Kräften besessen, wie es in geringerem Umfang auch Mussolini in Italien war. Aber die karmischen Auswirkungen richten sich immer nach der Menge der Energie, die aufgewendet wird.

Ein Eingeweihter zweiten Grades kann mit der „dunklen Seite" auf experimentellem Weg in Berührung kommen, wenn er nach einem „Kick", nach etwas Interessantem sucht, weil er neugierig ist, wobei ihm durchaus bewusst ist, dass er das nicht tun sollte, der Versuchung aber nicht widerstehen kann. Ein Eingeweihter zweiten Grades ist schon ziemlich hoch entwickelt, aber noch nicht vollkommen. Nicht dass ein Eingeweihter dritten Grades bereits vollkommen wäre, aber als Eingeweihter zweiten Grades ist man noch nicht eingeweiht im Sinne der „Taufe" und daher noch nicht völlig auf der Seite des Lichts. Man kann immer noch beides sein und von beiden Seiten benutzt werden.

Hier liegt für einige Eingeweihte zweiten Grades das Problem. Sie wissen nicht, wo sie stehen, und wissen noch nicht genau, was sie wollen. Stalin wollte Macht. Er wollte sicher auch ein gutes Leben für das russische Volk, war aber besessen von der Vorstellung, er selbst könne das herbeiführen. Er konnte es nicht und traf falsche Entscheidungen für seine Genossen und das russische Volk. Aber seine Absichten waren nicht böse. Das ist der Unterschied.

Es geht um die Absicht. Welche Absicht steht hinter einer Handlung? Wenn die Absicht böse ist, dann ist auch die Handlung böse. Wenn die Absicht gut, aber das Resultat böse ist, dann wird dabei wahrscheinlich weniger Energie aufgewandt und eingesetzt, sodass die karmischen Folgen geringer sind.

Werden wir in unseren Inkarnationen mit den Folgen unserer früheren Handlungen konfrontiert?

Natürlich. Unsere früheren Handlungen machen unser jetziges Leben aus. Genau das bewirkt das Karma. Die Art und Weise, wie wir jetzt unser Leben führen, ist die Folge von vergangenen und auch gegenwärtigen Handlungen. Es betrifft also nicht nur die Vergangenheit. Karma ist ein dynamisches Gesetz, das sich auf alles, was wir tun, erstreckt. Wir hören nicht auf, zu handeln, nur weil wir wiedergeboren werden. Wir handeln immer wieder, und tun das ständig. Wenn es gute Handlungen sind, bringen sie gutes Karma. Wenn sie destruktiv sind, verursachen sie Schmerzen und Leid.

Werden wir selbst auch leiden? Das Leid, das wir verursacht haben, werden wir selbst erleiden. Wir werden das Leid, das jemand anderer als Folge unserer Handlungen erlitten hat, auf irgendeine Weise selbst auch erleiden. Es ist kein mechanisches Gesetz, aber ein sehr präzises. Es ist, als würden die Herren des Karmas die Qualität der von unseren Gedanken und Taten aufgewandten Energie abwägen, sodass sie in derselben Qualität zu uns zurückkommt. Viele Menschen, die auf der Welt ermordet werden, tragen damit eine karmische Situation ab.

Es wird also ständig neues Karma geschaffen? Demnach kann man nicht einfach davon ausgehen, dass die ermordete Person ihren Mörder in einem früheren Leben umgebracht hat?
Nein, davon kann man nicht ausgehen.

Wie kann man dann wissen, was eigentlich vor sich geht? Das erscheint beinahe unmöglich. Man kann also nicht davon ausgehen, dass alles, was uns in diesem Leben widerfährt, nur auf Karma beruht. Es könnte ja auch sein, dass jemand uns oder einem anderen zum ersten Mal etwas antut.
Genau. Es ist ein dynamischer Prozess. Wir haben es mit einer dynamischen Situation zu tun. Altes und neues Karma liegen in unserem Bewusstsein dicht nebeneinander. Natürlich gibt es für alles ein erstes Mal.

Wann hört das auf?
Es hört nicht einfach auf. Karma muss aufgelöst werden. Ich kenne zum Beispiel eine Frau, die in ihrem jetzigen Leben bis zum vierzehnten oder fünfzehnten Lebensjahr von ihrem Vater sexuell missbraucht wurde. Das war eine direkte Folge der Situation in ihrem vorherigen Leben, als sie der Vater und ihr jetziger Vater die Tochter war, die von diesem (der jetzigen Tochter) sexuell missbraucht wurde. Und das war wiederum die Folge eines noch früheren Lebens, in dem der Vater auch damals der Vater und die Tochter die Tochter war. Es war ein dreimaliger, aufeinanderfolgender Beziehungswechsel. Ich habe meinem Meister dazu die Frage gestellt, die Sie gerade angesprochen haben, woraufhin er sagte: „Es wird in diesem Leben aufgelöst werden. Es ist unwahrscheinlich, dass es über dieses Leben hinaus andauert." Das ist Karma.

Kann es durch Vergebung aufgelöst werden?
Vergebung ist eines der Hauptgesetze, die die Kraft des Karmas mildern und verringern können. Karma ist ein Gesetz und wirkt unpersönlich.

Es gibt vier große Herren des Karmas, sie sind die Hüter dieses Gesetzes. Es ist ein unpersönliches Gesetz, aber seine Folgen können durch die Versöhnlichkeit der Person, die verletzt wurde, erheblich gemildert werden. Vielleicht nicht vollständig, denn das hängt von der Vollständigkeit der Vergebung ab. Wir sind nicht alle Jesus.

Und wenn sich die Person selbst vergibt?
Das ist etwas anderes. Sich selbst zu vergeben, hat nichts mit Karma zu tun, sondern mit Schuldgefühl.

Eine der Hauptaufgaben Maitreyas besteht darin, die Menschheit von Schuld zu befreien. Die Menschen bezeichnen sich völlig grundlos als schuldig. Sie haben Schuldgefühle, weil sie zu ernsthaft sind oder weil sie die Probleme anderer Menschen, den Hass oder den Mangel an Liebe anderer Menschen oder was auch immer auf sich nehmen. Die Menschen fühlen sich schuldig, besonders Kinder. Die Kinder, deren Familien zerbrechen, deren Väter und Mütter sich scheiden lassen, haben häufig das Gefühl, an der Trennung ihrer Eltern schuld zu sein, weil es eine sehr traumatische Situation für sie ist. Sie glauben, sie hätten ihre Eltern nicht genug geliebt, sie seien nicht „gut" gewesen oder hätten etwas „Unrechtes" getan. Dabei hat es natürlich überhaupt nichts mit dem Kind zu tun. Es gehört zum Empfinden eines Kindes, nicht seinen Vater und seine Mutter, sondern sich selbst dafür zu beschuldigen, dass die Eltern nicht mehr zusammenleben.

Das bezieht sich auch auf die Selbstvergebung. Die Menschen können sich selbst nicht vergeben, weil sie den Folgen ihrer Handlungen verhaftet sind. Man kann Vergangenes nicht mehr ändern. Vergangenheit ist Vergangenheit. Was Sie ändern können, ist die Bindung an die Vergangenheit. Wenn Ihre Aufmerksamkeit zum Beispiel auf Ihr Handeln oder Nichthandeln Personen gegenüber fixiert ist, die bereits gestorben sind – Sie haben sich nicht genügend um sie gekümmert oder waren nicht nett zu ihnen –, dann fühlen Sie sich schuldig. Diese Personen sind tot, und Sie fühlen sich schuldig, dass Sie nicht netter zu ihnen waren. Doch daran können Sie nichts mehr ändern. Möglicherweise war das gar nicht so, aber Sie haben dieses Gefühl, weil sie gestorben sind. Nun können Sie ihnen all das nicht mehr sagen, was ihnen das Leben vielleicht erleichtert hätte.

Wenn wir uns daran binden, binden wir uns an die Schuld. Sie können sich jahrelang vorwerfen, nicht alles für diesen Menschen getan zu haben, was Sie hätten tun können. Das ist Abhängigkeit, eine negative

Einstellung. Diese Abhängigkeit beansprucht einen Teil unserer Energie und Aufmerksamkeit. Unsere Psyche ist fixiert, wo sie frei sein sollte. Wir sind nicht länger frei, wenn wir an eine Vorstellung gebunden sind, auch wenn es sich um Überlegungen handelt wie: „Das hätte ich wirklich tun müssen ..." Das mag sogar richtig sein, aber das ist nicht mehr zu ändern, da die Situation jetzt eine andere ist. Wir müssen lernen, die Vergangenheit aufzugeben, hinter uns zu lassen und weiterzugehen. Bleiben Sie nicht an etwas haften, das Sie nicht rückgängig machen können. Es ist vorbei.

Könnte es sein, dass diese Fixierung auch deshalb vorherrscht, weil wir irgendwann karmisch zur Verantwortung gezogen werden?
Das mag es sein, wenn wir das Gesetz des Karmas kennen. Das wäre durchaus möglich. Aber ich denke nicht, dass das die Regel ist, es sei denn, Sie glauben, dass Gott ständig hinunterschaut und mit dem Finger droht. Uns wurde von klein auf beigebracht, wenn wir „schlecht" waren, wenn wir nicht nett, wenn wir unfreundlich waren, dass Gott alles sieht. Die ganze Welt wurde mit diesem Hirngespinst großgezogen. Gott hat viel zu viel zu tun, um den Kindern beim Lügen zuzusehen!

Religiöse Probleme

Meister Djwahl Khul sagte, dass jedem Problem der Welt ein religiöses Problem zugrunde liege. Welche Lösung wird es dafür geben? Er sagte, dass es sehr lange dauern würde.
Das ist ein reales Problem. Es wird lange dauern. Es ist wahr, dass fast allen Kriegen und Kämpfen, die auf der Welt stattfinden, religiöse Differenzen zugrunde liegen. Religiöse Unterschiede sollten eigentlich kein Problem darstellen. Es gab Orte, wo Christen, Juden und Muslime Hunderte von Jahren in Frieden zusammenlebten. Spanien ist ein Beispiel dafür. Religiöse Unterschiede können eskalieren, sobald äußere, beispielsweise politische oder ökonomische Probleme hinzukommen. Ihre religiösen Überzeugungen sind für viele Menschen die stärkste emotionale Bindung, die sie haben.

Als Indien geteilt und Pakistan gerade erst geschaffen wurde, gab es ein ungeheures Blutbad. Ganze Zugladungen von Indern (Hindus) wurden von Muslimen niedergemetzelt, die aus Indien kamen und sich als Inder betrachteten, aber keine Hindus waren, sondern Muslime. Es handelte sich also eher um einen Konflikt zwischen Muslimen und Hindus als zwischen Indien und Pakistan. Dann wurde auch Bengalen involviert, das ein Teil Pakistans war, und es gab erneut einen Konflikt zwischen Muslimen und Hindus. Als daraufhin Bangladesch gegründet wurde, geschah wiederum das Gleiche.

Wann immer für äußeren politischen bzw. ökonomischen Druck keine Lösung in Sicht ist, kommt es zu heftigen religiösen Differenzen. Und das wird sich auch noch fortsetzen. Das war und ist auch in Nordirland so, obgleich die Kämpfe beendet sind; es ist in Nigeria der Fall und in anderen Teilen Afrikas. Das wird die letzte der großen Intoleranzen auf der Welt sein, die aufgelöst werden muss. Ihre religiösen Überzeugungen sind den Menschen näher als alles andere – was mit anderen Worten heißt, dass die Beziehung der Menschheit zu dem Wesen, das wir Gott nennen, stärker ist, als wir zugeben. Dieser Gedanke beschäftigt den Großteil der Menschen auf der Welt mehr als alles andere. Nur die kultivierten Intellektuellen Europas und einiger anderer Länder nehmen einen toleranteren Standpunkt ein und sind keiner speziellen Religion verbunden. Zu dieser Einstellung kommen Sie aber nur, wenn Sie die Religion bereits früh in Ihrem Leben aufgegeben haben. Sonst überwiegt die Angst, von Ihrem Land, das Sie mit Ihrer Religion identifizieren, ausgegrenzt zu werden. Und solange wir nicht lernen, toleranter zu sein, wird das auch so weitergehen.

Es gibt drei große Gruppierungen: eine politische, eine wirtschaftliche und eine religiöse, die, wenn sie falsch gelenkt werden, sich zu einem korrupten, ideologischen oder totalitären Gebilde entwickeln. Es gibt die politischen Ideologen wie Demokraten, Faschisten, Kommunisten usw. Der politische Totalitarismus hat nachgelassen und ist bereits im Schwinden begriffen. Der ökonomische Totalitarismus breitet sich zurzeit ungezügelt aus. Diesem Problem wird Maitreya sich mehr als allem anderen zuwenden, weil es der Schlüssel zu den anderen Ideologien und zu der Toleranz ist, mit der diese anderen bewältigt werden können. Am zähesten – und derzeit auf dem Gipfel seiner Macht und seines Einflusses – verhält sich der religiöse Totalitarismus. Wenn Sie sich auf dem Gipfel befinden, gibt es nur einen Weg, den Sie noch einschlagen können, und der führt abwärts. Allmählich wird sein Einfluss abnehmen, aber das braucht Zeit.

Weitergabe der Informationen an die Öffentlichkeit

Könnten Sie uns einige allgemeine Ratschläge geben, wie wir die Öffentlichkeit am besten ansprechen können?
Sie fragen, wie Sie dabei vorgehen könnten? Wie Sie die Geschichte so erzählen könnten, dass Sie die Aufmerksamkeit der Menschen gewinnen und sie wirklich berühren, dass Ihre Worte von Herzen kommen und die Zuhörer begreifen, um was es Ihnen geht, wenn Sie über die Kluft zwischen den Industrienationen und den Entwicklungsländern sprechen. Der Schlüssel liegt, wie ich meine, darin, auch wenn Sie das vielleicht nicht so gerne hören, es oft zu machen, die Geschichte immer wieder zu erzählen. Sie können keine Übung darin bekommen, wenn Sie es nur einmal im Jahr tun. So können Sie ihre verschiedenen Fähigkeiten nicht entwickeln. Sie werden nicht aktiviert, wenn Sie dafür keine Möglichkeit schaffen. Wenn Sie Vorträge halten, müssen sie das regelmäßig tun. Ich meine nicht jeden Tag, aber jeden zweiten Tag, das reicht schon! Je öfter Sie das machen, desto besser werden Sie darin.

Wer Maitreya ist – der Herr der Liebe und des Mitgefühls –, ist mir durch Ihren Vortrag zutiefst bewusst geworden. Sollten wir als Gruppe eine eher herzbetonte Vorgehensweise anstreben?
Ja, natürlich. Aber nicht, indem Sie etwa beschließen: „Heute werde ich meine Worte mehr vom Herzen her kommen lassen. Gestern habe ich mich eher auf den Kopf konzentriert, und es war ein wunderbarer Vortrag. Heute werde ich mich auf das Herz konzentrieren und damit wieder andere Menschen erreichen. Das wird für intellektuelle Menschen vielleicht nicht so befriedigend sein, aber dafür die gefühlsbetonten Menschen besser erreichen ..." Wenn Sie Vorträge halten, sollten Sie alles einsetzen, was Sie zur Verfügung haben: Das bedeutet Herz und Verstand. Es bedeutet nicht, etwas mehr im Herzen zentriert zu sein, denn das muss man bei der Weitergabe dieser Botschaft sowieso sein. Anders geht das nicht. Das bedeutet auch nicht, den Verstand nicht zu benutzen. Sie fassen die Geschichte in Worte, die die Menschen verstehen können, die sie berühren und zum Nachdenken bringen. Um das zu erreichen, nutzen Sie alle Ihre Fähigkeiten. Sie sagen nicht: „Ich bin ein wirklich herzbetonter Mensch. Alles, was ich sage und tue, kommt von Herzen." So geht das nicht. Wenn Sie sprechen, ist Ihr Herz beteiligt, sonst würden Sie diese Arbeit nicht tun. Ebenso sind Ihr Gehirn und Ihr Verstand beteiligt, sonst würden Sie keinen Vortrag halten können.

Wenn Sie diesen Vortrag halten, ist alles beteiligt. Wenn Sie das mit hoher Konzentration tun, werden Sie erfahren, dass Ihre Intuition einsetzt. Die Intuition ist die Stimme der Seele. Damit übernimmt Ihre Seele die Regie und benutzt das Gehirn als Werkzeug, um die Ideen zu strukturieren.

Wenn Sie die wesentlichen Ideen und Gedanken formulieren, kann bei den Zuhörern keine Langeweile aufkommen, obgleich dieselben Inhalte immer wieder wiederholt werden, denn das tun wir ständig. Ich sage seit 30 Jahren das Gleiche, und jedes Mal denken die Menschen, wenn sie es hören, dass es anders ist. Sprechen Sie so, wie Sie es selbst empfinden. Lassen Sie Ihre Intuition sprechen. Wenn Sie Ihre Intuition einbringen, werden Sie entdecken, dass Sie Dinge sagen, von denen Sie wissen, dass sie wahr sind, die Sie aber nie zuvor gedacht oder gesagt haben. Dennoch wissen Sie, dass sie wahr sind, sobald Sie sie ausgesprochen haben. Das kommt daher, dass Ihre Intuition aktiv ist, und das ist nur möglich, wenn Sie sowohl entspannt als auch – hoch oben im Kopf – fokussiert sind.

Wie könnten wir unsere Informationen so formulieren, dass sich die Zuhörer davon angesprochen fühlen, das heißt, dass sie noch konkreter und verständlicher werden?

Persönliche Vorträge, Radio- und Fernsehinterviews – das sind die Waffen, der *modus operandi*, um den Kontakt zur Welt herzustellen und die Geschichte zu erzählen. Wie ich schon gesagt habe, je öfter man etwas macht, desto besser wird man darin und desto mehr Freude hat man daran.

Wenn Sie an etwas interessiert sind, werden Sie es auch interessant darstellen. Wenn Sie am Thema und an den Ideen interessiert sind und sie sich sozusagen zu eigen machen, wenn Sie diese weitergeben, als ob es Ihre eigenen seien, und sie auf die Welt, auf die Wirklichkeit beziehen und nicht trockene Inhalte präsentieren, dann wird das Publikum unweigerlich darauf ansprechen. Aber das müssen Sie selbst tun und Freude daran haben. Sie müssen sich dabei selbst vergessen, Sie müssen vergessen, dass Sie es sind, der das macht, und es einfach tun. Lernen Sie, wie man es macht, das heißt, tun Sie es oft.

Dies ist die großartigste Geschichte der Welt. Man kann gar nicht oft genug über etwas so Bedeutsames wie die Wiederkehr des Christus reden. Zum ersten Mal ist er persönlich und leibhaftig selbst in der Welt und nicht mithilfe der Überschattung eines Jüngers. Das ist noch nie zuvor geschehen und wird auch nie wieder geschehen. Es ist für die Meister die Krönung ihrer 98.000 Jahre langen Erfahrung und ihres Wirkens hinter den Kulissen in all diesen Jahren. Dies ist eine Zeit, wie es sie in der Geschichte der Welt noch nie gegeben hat.

Wir haben die bedeutendste Geschichte, die je einer Gruppe zur Verbreitung angeboten wurde. Sie ist von unschätzbarem Wert, eine wunderbare Geschichte. Sie hat unendlich viele Querverbindungen und spricht die tatsächlichen Bedürfnisse der Menschheit an. Wenn Sie die einzelnen Fakten zusammentragen, haben Sie eine wirklich faszinierende Geschichte. Journalisten lieben das.

Die Menschen wollen unterhalten werden. Haben Sie keine Scheu, auch mal einen Witz einzuflechten, wenn Ihnen einer einfällt. Am besten lassen Sie den Witz einfach kommen, und wenn er kommt, greifen Sie ihn auf und bauen ihn in Ihren Vortrag ein.

Könnten Sie erklären, warum Gelassenheit bei der Vermittlung der Informationen über die Wiederkehr so wichtig ist?

Ich würde sagen, dass die Frage der Gelassenheit einen zentralen Platz einnimmt – sowohl für das Verständnis der Rolle der Gruppen bei der Übermittlung dieser Informationen an die Welt als auch für die Arbeitsweise, das heißt, innerlich wie äußerlich an die eigenen Grenzen zu gehen und zu lernen, dabei gelassen zu bleiben, ohne sich jedoch zu isolieren. Das ist, wie ich meine, der Schlüssel zu der Aussage, die ich über Maitreyas Herz gemacht habe, das mit all der Qual beladen ist, dem Schmerz, dem Leid, dem Elend, der Enttäuschung, der Sehnsucht von Milliarden Menschen, und das gleichzeitig in der Lage ist, bei seinen Begegnungen mit den Menschen, die er auf der Straße trifft, ausgesprochen witzig, heiter und spontan zu sein.

Bei einer Begegnung, über die kürzlich in *Share International* berichtet wurde, hat jemand eine Frau zum dritten Mal um 65 US-Cent gebeten. Sie wurde schon fast etwas ärgerlich, weil sie das erste Mal gerne und das zweite Mal schon eher zögerlich gegeben hatte, und dieses Mal sagte sie: „Warum immer 65 Cent?" Die präzise Summe von fünfundsechzig Cent konnte sie mit gar nichts in Verbindung bringen, außer vielleicht mit einer 65-Cent-Briefmarke. Maitreya – er war es, der um die 65 Cent bat – sagte: „Es ist ein Geschenk Gottes." Sie sagte: „Fünfundsechzig Cent ein Geschenk Gottes?" Er: „Eigentlich sind es 70 Cent." Sie fand diese prompte Antwort so komisch, dass sie ihm rasch etwas gab, wie viel, sagte sie nicht, aber es waren mindestens 65

Cent. Dann wurde ihr bewusst, dass er ihr die Gelegenheit geboten hatte, zu geben, geben zu lernen. Ich habe den Eindruck, dass viele Amerikaner gerne geben. Sie sind enorm großzügig, aber sehr viele, und das gilt gleichermaßen für alle Industrieländer, sind genauso großzügig wie sie knauserig sind. Das englische Wort dafür ist „stingy" und bedeutet, dass man nicht gerne Geld hergibt, insbesondere keinem Fremden, der einen zum dritten Mal um 65 Cent bittet. Er machte ihr verständlich, dass die Gelegenheit, etwas zu geben, auch wenn es nur 65 Cent sind, ein Geschenk ist. Aus spiritueller Sicht geben Sie damit etwas von sich selbst.

Ich denke, dass die Leute diese Qualität nicht ganz verstehen, die die Meister so überreichlich besitzen. Es ist die Großzügigkeit des Herzens, des Geistes. In den Augen der Meister ist es etwas Göttliches, zu geben. Wenn jemand in Not ist, ist es eine göttliche Geste, zu geben. Maitreya scheint immer wieder darauf zurückzukommen, wenn er wieder und wieder als Bettler auftritt und um 65 Cent oder zwei Dollar bittet.

Mich hat er einmal um zwei Dollar gebeten. Er begegnete mir in Berkeley, Kalifornien, in Gestalt eines gut gekleideten jungen Mannes, der nicht so aussah, als bräuchte er dringend zwei Dollar. Er sagte, das sei für Benzin für seinen Lieferwagen. Ich schaute die Straße hinauf und hinunter und sah keinen Lieferwagen. Es machte mir nichts aus, ihm die zwei Dollar zu geben, aber als ich sie ihm gab, dachte ich, das wird wohl kaum für deinen Lieferwagen sein. Wie viel Benzin bekommt man für zwei Dollar?

Welche Auswirkungen wird Maitreyas Ankunft auf die Gruppen haben?
Zunächst einmal wird es sehr beglückend sein. Und damit ist natürlich die Aufgabe, seine Gegenwart bekannt zu machen, beendet.

Doch für die Gruppen wird es zweifellos auch eine gewaltige erzieherische Anstrengung bedeuten, weil die Menschen auf der ganzen Welt mehr erfahren wollen. Sie müssen sich gründlich einlesen, falls Sie es bisher noch nicht getan haben. Bei vielen der Fragen wird es wie auch heute schon um Jesus, seine Jünger und seine Mutter gehen. Die Leute werden beispielsweise wissen wollen: „Hat Jesus tatsächlich Maria Magdalena geheiratet? Hatten sie Kinder? Wie viele, und wie hießen sie? Sind sie zurzeit inkarniert?" Was solche Fragen betrifft, sind die Leute unersättlich. Es wird also sehr viel Arbeit auf Sie zukommen, vorwiegend erzieherische Aufgaben. Aber es gilt auch, eine Welt zu retten, und daran können sich die Gruppen ebenfalls beteiligen.

Da die USA ein so großes und komplexes Land sind, müssten wir wahrscheinlich auf lokaler Ebene aktiver werden. Könnten Sie bitte über die Bedeutung lokaler Gruppen und Initiativen sprechen?
Lokale Initiativen sind das Wichtigste. Das ist Demokratie. Die Politiker sprechen zwar über die Demokratie, aber in der Realität ist nicht viel davon zu sehen. Sie sind diejenigen, die die Entscheidungen treffen, sie sind die Regierung. Auf diese Weise wird die Demokratie eingeschränkt.

Demokratie wird nicht durch Wahlen realisiert, sondern durch Partizipation. Je größer die Möglichkeiten zur Partizipation sind, desto mehr Demokratie wird es geben. Solange das aber nicht der Fall ist, können wir nur sagen, dass wir zwar auf dem Weg zur Demokratie sind, aber bisher noch keine wirkliche Demokratie auf der Welt haben. Wenn Sie Demokratie möchten, müssen Sie sich beteiligen, und das bedeutet handeln. Es bedeutet nicht, die Partizipation jemand anderem zu überlassen – Sie müssen es selbst tun. Je stärker Sie sich auf lokaler Ebene engagieren, desto effektiver können Sie werden. Wenn Sie als Gruppe auf der lokalen Ebene aktiv sind, können Sie dort wesentlich mehr erreichen, als es auf der abstrakten Ebene nationaler und internationaler Politik möglich wäre. Für den Einzelnen ist es schwer, auf seine Regierung einzuwirken und ihre Politik zu verändern. Auf lokaler Ebene kann ein Einzelner durchaus großen Einfluss ausüben. Das ist jederzeit möglich. Wer etwas zu sagen hat, wer Ideen hat, die von der Gemeinschaft für gut und praktisch befunden werden, kann in jedem Land der Welt die Lebensumstände verändern. Das geschieht ständig, auch wenn uns das nicht immer bewusst ist.

In jedem Land vollziehen sich auf den lokalen Ebenen große Veränderungen; immer mehr Leute entscheiden selbstbestimmt über ihr Leben. Das geschieht auch im Osten, also in Ländern, die bisher keine wirkliche Volksvertretung besaßen, ganz zu schweigen von Möglichkeiten der Bürgerbeteiligung. Hier in den USA gibt es zwar Volksvertretungen, aber nur wenig Partizipation, außer vielleicht auf der unmittelbaren, lokalen Ebene. Diese Möglichkeit sollten Sie nutzen. Es gibt alle möglichen Gruppen, die sich partizipativ unter anderem für die Förderung von Bildung, für das Zusammenleben und den Sport einsetzen.

Unser Thema ist die Wiederkehr des Christus, nicht Sport oder Gemeindearbeit, wenngleich Gemeindearbeit ebenso dazugehören könnte. Denn wenn Sie auf kommunaler Ebene arbeiten, könnten Sie möglicherweise mehr Unterstützung finden, als Sie vielleicht erwarten würden. Hier könnten Sie die Menschen persönlich ansprechen. Es geht nichts über den persönlichen Kontakt, das direkte Gespräch, wenn man die Ideen und Gedanken über die Wiederkehr und alles, was sie im Hinblick auf eine Transformation der Welt bedeuten, anderen verständlich machen will. Wenn Sie die Menschen persönlich ansprechen, sind sie viel offener und Sie selbst viel überzeugender, vorausgesetzt, Sie tun es, ohne aufdringlich zu sein.

Wenn Sie mit einer Gruppe zusammenarbeiten, können Sie effektiver sein. Gruppenarbeit ist die Arbeitsweise der Zukunft. Die Wassermann-Energien können nur in Gruppenformation wahrgenommen, aufgenommen und genutzt werden. In den kommenden hundert Jahren wird man überall Gruppen entstehen sehen. Die Gruppenarbeit potenziert die Aktionen jedes einzelnen daran Beteiligten, sie ist eine sehr wirksame Arbeitsweise.

Es ist kein Zufall, dass die Hierarchie, wenn sie mit etwas Neuem beginnt, immer eine Gruppe gründet. Sie kontaktieren jemanden und vertrauen ihm eine Gruppe an oder sorgen dafür, dass er/sie mit einer Gruppe in Kontakt kommt, mit der er/sie dann zusammenarbeitet. Auf diese Weise entstanden die Theosophische Gesellschaft, die Arkanschule und unsere Gruppen rund um die Welt, die für die Wiederkehr Maitreyas und der Meister arbeiten. Gruppenarbeit ist der Leitgedanke.

Haben Sie oder die Meister einen speziellen Vorschlag, wie wir die Geschichte jetzt am besten verbreiten können?
Ja, es geht darum, sie noch mehr zu verbreiten – ein bisschen besser als bisher. Wenn Ihre Bemühungen erlahmt sind, und das waren sie, könnte es vielleicht sein, dass Sie die falsche Fahne gehisst haben – zu viele „stars and stripes" und nicht genug Fahnen der Vereinten Nationen. Sie müssen Ihren Horizont erweitern und aufhören, über sich selbst – über Amerika – nachzudenken. Denken Sie an die Welt und die Wirkung, die die USA zurzeit auf die Welt haben. Sie müssen Ihre Vorstellung von Loyalität erweitern und sie der Welt als Ganzem entgegenbringen, konkret: den Vereinten Nationen – nicht dem Sicherheitsrat, sondern der Vollversammlung, das heißt, fast allen Ländern der Welt.

Sie erwähnten, dass wir aus karmischen Gründen jetzt hier und in diesen Gruppen sind. Ich frage mich, ob das für alle oder nur für einige der Beteiligten gilt?
Es gibt eine Gruppe, die sich damit befasst, der Öffentlichkeit die ersten Informationen über die Wiederkehr des Christus zu präsentieren. Sie

besteht aus 4000 bis 5000 Leuten, die sich nicht aufgrund einer karmischen Verbindung mit der Wiederkehr des Christus inkarniert haben, sondern, weil sie karmisch miteinander, in ihrer Beziehung zur Hierarchie verbunden sind. Es wurde ihnen die karmische Gelegenheit geboten – das ist es: eine karmische Gelegenheit –, das Karma ihrer Vergangenheit auszugleichen, indem sie die Arbeit auf sich nehmen, dem Christus den Weg zu ebnen, das heißt, ein Klima der Erwartung zu schaffen, damit er in unser Leben treten kann, ohne unseren freien Willen zu verletzen; das bedeutet aber nicht, den Christus zu präsentieren, sondern seine Worte, Ideen und Anliegen vorzustellen, bevor er selbst an die Öffentlichkeit tritt. Dafür schenkt er den Gruppen seinen Segen und entzündet in ihnen ein Feuer, das immer mehr Hitze entwickelt und sie dadurch in der Evolution vorantreibt.

Das geschieht derzeit. Der Christus gibt den Gruppen Gelegenheit, zu dienen, eine Gelegenheit, die unvorstellbar ist und die ich in ihrer ganzen Tragweite wahrscheinlich selbst nicht kenne. Aber ich kann Ihnen sagen, dass diese Gelegenheit, die Ihnen zurzeit geboten wird, weil die Hierarchie in die Welt zurückkehrt, einmalig ist und nie wiederkehren wird. Beim nächsten Mal wird die Geschichte, die Situation, eine völlig andere sein. Die Meister kennen die Menschen, denen diese Gelegenheit geboten wurde, und sie wissen, wer sie mit Sicherheit ergreifen und alles ihm Mögliche dafür tun wird. Bei einigen sehen sie, dass sie in ihrer ruhigen, zurückhaltenden Art ihr Bestes geben, bei anderen machen sie möglicherweise noch ein Fragezeichen, ob sie die Arbeit auch tatsächlich ausführen werden; aber sie gehen davon aus, dass sie diese Gelegenheit, wenn sie gesunden Menschenverstand besitzen, nutzen werden.

Es geht also darum, dass Ihnen die Gelegenheit geboten, aber der freie Wille dabei nicht verletzt wird. Die Meister präsentieren den Gruppen das Geschenk, der Welt dienen zu können. Jemand muss das tun. Dafür stehen etwas mehr als 4000 Menschen zur Verfügung, was angesichts von 6,5 Milliarden Menschen nicht sehr viel ist, mehr als 4000 Menschen, die aber alle in gewisser Weise mit der Hierarchie verbunden sind: als Jünger oder als Aspiranten auf die Jüngerschaft.

Es ist eine Gelegenheit, die Menschen angeboten wird, die etwas gemeinsam haben: eine karmische Verbindung. Sie sind Mitglieder der Hierarchie – natürlich auf einer niedrigen Ebene –, denen Gelegenheit zur Mitarbeit gegeben wurde, um die Menschheit mit dieser Geschichte der Wiederkehr vertraut zu machen. Das wäre ohne die heutige Notlage nicht geschehen. Es ist einem glücklichen Zufall zu verdanken – nur, dass es kein Zufall ist –, dass die daran Beteiligten in ihren früheren Leben genug getan haben, um nun dabei sein zu können. Schätzen Sie sich einfach glücklich, dass Sie diese Geschichte gehört und nun die Möglichkeit bekommen haben, daran mitzuarbeiten, sie zu Ihrer eigenen zu machen und einer der tapferen Viertausend zu sein!

Gibt es nicht noch weitere Jünger, die sich wie Sie dafür einsetzen könnten, die Anwesenheit des Christus bekannt zu machen?
Es gab fünf Menschen, die, wie ursprünglich erwartet, für die 4000 Leute, die rund um die Welt an dieser Arbeit beteiligt sind, Schlüsselfiguren sein könnten: einer in New York, ich in London, einer in Genf, einer in Darjeeling, einer in Tokio. Sie alle waren dafür vorgesehen, als Erste Vermittler dieser Informationen zu sein. Man ging davon aus, dass sich allmählich immer mehr Menschen um sie sammeln würden, sodass daraus ein weltweites Ereignis würde. Diese Informationen sollten von fünf großen Zentren rund um die Welt, von New York bis Tokio verbreitet werden – ein glänzender Plan, nur dass der in New York dafür Zuständige nicht daran glaubt. Er war mehrere Male bei meinen Vorträgen, aber er glaubt die Geschichte nicht. In London bin ich es. Der Mann in Genf glaubt die Geschichte genauso wenig wie der in New York. Sie sind beide christliche Mystiker, die von dem Gedankengut von Menschen wie Rudolf Steiner beeinflusst sind, der starb, bevor endgültig beschlossen wurde, dass der Christus selbst kommen würde. Steiner war felsenfest davon überzeugt, dass der Christus nicht in einem physischen Körper wiederkehren würde, und nahm an, dass man dann, sobald das Christusprinzip in den Herzen der Menschen hinreichend erwacht sei, sagen könnte, der Christus sei in der Welt. Das ist aber nur ein Aspekt der Wiederkehr Christi. Die Leute, die Steiner folgen, haben sich dem bloßen Gedanken an eine mögliche physische Wiederkehr des Christus verschlossen, ganz abgesehen von den etwa 40 Meistern, die ebenfalls zurückkehren werden.

Der Mann in Darjeeling schläft noch, und in Tokio ist es eine Frau, die glaubt, sie selbst sei Maitreya. Man kann also nicht behaupten, dass sie ihren Aufgabe gerecht würden. Daran ist nicht die Hierarchie Schuld, da sie lediglich eine Gelegenheit zum Dienst anbietet. Die Jünger haben alle einen freien Willen und auch das Recht, eine Arbeit abzulehnen.

Wir müssen es also möglich machen. Wir müssen „Lärm schlagen", damit die Menschen verstehen, was jetzt vor sich geht, und dadurch ein

Klima der Hoffnung, der Erwartung schaffen, damit es auch geschehen kann, und allen Mut machen, die verzweifelt sind. Sie brauchen die Hoffnung auf eine bessere Zukunft, und nichts kann ihnen diese Hoffnung besser vermitteln als der Gedanke an die Wiederkehr des Christus oder des Imam Mahdi oder Maitreya-Buddhas oder Krishnas. Das macht Mut und lindert ihre Ängste und Spannungen.

Dies ist eine Frage zu den verschiedenen Herangehensweisen bei der Vermittlung der Informationen über die Wiederkehr. Wenn es wahr ist, dass vier andere Seniorjünger sich weigerten, damit an die Öffentlichkeit zu gehen, dann wurde die Information bisher vielleicht nur aus einer Perspektive dargestellt – womit ich eine Weiterführung der Arbeiten von Blavatsky/Bailey meine. Würden Sie bitte etwas dazu sagen?
Das ist wahr. Allerdings habe ich nie gesagt, dass die anderen vier Personen Seniorjünger seien. Ich sprach von vier anderen Jüngern. Ich habe nicht gesagt, dass irgendeiner von ihnen „hochrangig" sei. Das ist ein Unterschied. Keiner von ihnen stand mit einem Meister in Kontakt. Wäre das der Fall gewesen, dann wären sie wahrscheinlich, wie ich auch, aktiv geworden. Hätte ich nicht Kontakt mit dem Meister gehabt und wäre ich stattdessen nur informiert worden wie sie, dann wäre ich möglicherweise auch nicht tätig geworden. Aber ich hatte einen Meister, der sagte: „Los, geh hinaus und erzähle es der Welt."

Sie haben keine Vorstellung davon, wie schwierig das war. Es war absolut nicht meine Absicht, an die Öffentlichkeit zu gehen. Ich hätte das nie gemacht, wenn ich nicht sehr dazu angehalten worden wäre. Deshalb tadle ich die anderen auch nicht dafür, dass sie es nicht tun. Es stimmt daher, dass diese Informationen als eine Fortführung der Blavatsky-/Bailey-Lehren präsentiert werden, die, wie ich glaube, am richtigsten ist. Ich hätte sie niemals auf eine andere Weise vermitteln können. Ich habe mich in die Lehren von Helena Blavatsky und Alice Bailey vertieft, die meines Erachtens die direkten Lehren der Hierarchie sind. Mich interessiert nur, was ich für wahr halte.

Nichtsdestotrotz gibt es viele andere Wege und Möglichkeiten, wie diese Informationen weitergegeben werden können. Das können Sie beispielsweise auch als gläubiger Christ tun. Ich bin überzeugt, dass viele in diesen Gruppen gläubige Christen sind. Sie könnten über die Wiederkehr des Christus sprechen, ohne sich dabei auf Alice Bailey, Helena Blavatsky oder ähnliche Lehren beziehen zu müssen. Es gibt sicher viele andere Möglichkeiten, wie man die Geschichte präsentieren könnte. Da ich aber nicht diese anderen Leute bin, kann ich es auch nur auf meine Weise machen. Ich bin mir absolut sicher, dass man es auch anders machen kann.

Muslime zum Beispiel erwarten den Imam Mahdi. Etwa zur gleichen Zeit, als Maitreya nach London kam, wurden auch zwei Männer aus Pakistan dorthin gesandt. Beide hatten zuvor einen „heiligen Mann" getroffen – der eine in Lahore und der andere in Karatschi. Sie kannten einander nicht, und es war auch nicht derselbe Heilige, den sie trafen, aber jeder dieser beiden Männer erzählte dieselbe Geschichte: Sie sollten nach London gehen und dem Imam Mahdi den Weg bereiten. Der eine war ein Journalist, der politisch aktiv war. Er sagte: „Nein, ich kann nicht, ich habe hier meine Arbeit als Journalist und bin Mitglied der Partei von Benazir Bhuttos Vater" (bevor dieser ermordet wurde). Er sagte: „Das ist völlig unmöglich." Schon Monate zuvor hatte der heilige Mann zu ihm gesagt, dass er nach London gehen soll; er hatte ihm Dinge gegeben, die er vor Jahren verloren hatte und wusste Einzelheiten über seine Familie, die nur der Familie bekannt waren. Er hatte sich ihm als jemand vorgestellt, der sehr gelehrt ist, und gesagt: „Wenn du nicht gehst, werden die Ereignisse dich dazu zwingen."

Dasselbe erlebte auch der andere Mann, der Rechtsanwalt war. Er sagte: „Ich kann nicht gehen. Ich habe hier meine Anwaltspraxis." Der heilige Mann sagte: „Wenn du nicht gehst, werden dich die Ereignisse dazu zwingen." Es endete damit, dass Herr Bhutto ermordet wurde und jeder, der mit ihm in Verbindung gestanden hatte, als verdächtig galt. Nach den Mitgliedern von Bhuttos Partei wurde gefahndet. Ich weiß nicht, in welcher Position sich der Journalist genau befand, aber er war der Partei sehr verbunden. Er hatte einen Bruder, der in der asiatischen Gemeinde in London lebte. Er gab seinen Job auf, ging nach London und fand dort Arbeit als Journalist bei einer pakistanischen Zeitung.

Inzwischen ging es mit der Kanzlei des Rechtsanwalts bergab, aber wegen ihres guten Namens konnte er sie noch verkaufen und ging dann ebenfalls nach London. Diese beiden Männer kannten sich nicht und sind einander nie begegnet, bis ich eine ganzseitige Anzeige in einer der Zeitungen der asiatischen Gemeinde veröffentlichte, in der es hieß, dass der Imam Mahdi in die Welt zurückgekehrt sei und in der asiatischen Gemeinde in London lebe. Diese Information sprach sich in der Gemeinde herum. Auch die beiden Männer aus Pakistan hatten davon gehört. Es stellte sich heraus, dass der Bruder des einen den anderen kannte. So lud er die beiden zu sich ein, und sie fanden heraus, dass sie ganz genau dasselbe erlebt hatten: In unterschiedlichen Städten hatte jeweils ein Heiliger jedem von ihnen genau dieselbe Anweisung gegeben.

Im Mai 1982 gab ich in London bekannt, dass sich Maitreya in der asiatischen Gemeinde aufhalte und dass er, wenn bekannte, angesehene Journalisten in aller Form nach ihm suchen würden, sich ihnen zu erkennen geben würde. Ich ging davon aus, dass viele ausländische Journalisten sich der Suche anschließen würden, und bat die beiden Männer, den Journalisten in der ziemlich geschlossenen asiatischen Gemeinde als Ansprechpartner zur Verfügung zu stehen, was sie auch tun wollten.

Doch der eine, der Journalist war, wartete nur darauf, dass Maitreya ihm auf die Schulter klopfen würde, während der andere alles las, was er über den Imam Mahdi finden konnte, und dabei zu einem fundamentalistischen Muslim wurde. Er hat schließlich ein Buch über das Kommen des Imam Mahdi geschrieben.

Sie können diese Information auf christliche, muslimische oder buddhistische Weise präsentieren. Maitreya-Buddha wird von allen Buddhisten erwartet. Japanische Buddhisten meinen, dass das erst in etwa fünf Milliarden und 670 Millionen Jahren sein wird und daher nicht eilig sei. Sie können diese Informationen auch als eine Geschichte über Krishna oder den Kalki Avatar oder den Messias der Juden weitergeben. Sie alle beziehen sich auf Maitreya, wissentlich oder nicht.

Ich präsentiere die Informationen über die Wiederkehr in der Weise, wie die Hierarchie es sieht, da ich sie für die informativste, die wahrste und tiefgründigste und die am wenigsten entstellte Darstellung halte. Alle Religionen haben mehr oder weniger eine verzerrte Sichtweise. Es hat Hunderte oder Tausende von Jahren gedauert, bis sie bei uns angekommen sind und dabei wurden sie alle entstellt. Jede heilige Schrift ist in gewissem Sinne verfärbt. Nur in der esoterischen Lehre, meine ich, erhalten Sie die wahren Informationen.

Am allerbesten ist es natürlich, wenn Sie in Kontakt mit einem Meister stehen. Dann brauchen Sie keine Bücher und keine weiteren Lehren, denn dann können Sie auf direktem Wege miteinander kommunizieren, und das ist am besten. Aber das ist selten, das ist wirklich ziemlich selten.

Selbsterlösung

In Ihrem Vortrag in New York sagten Sie unter großem Applaus: „Wir müssen uns selber erlösen." Ich fand, dass die Aussage im Kontext der Wiederkehr etwas sehr Verbindendes hat, da sie Sorgen und Projektionen über den Weltlehrer als Erlöser entgegenwirkt.

Es gibt bei dieser Frage zwei Aspekte – einen globalen und einen persönlichen. Maitreya kommt, um die Menschheit zu inspirieren, den Planeten und sich selbst vor der Zerstörung zu retten. Er möchte uns durch seine Lehren zu diesem Wandel motivieren. Dies ist die Erwartung, die die meisten Menschen mit ihm als „Retter" verbinden. Aber die Arbeit müssen wir selbst tun. Wie er schon vor langer Zeit sagte: Jeder Stein, jeder Ziegel muss von der Menschheit selbst an seinen Platz gesetzt werden. „Ich bin der Architekt des Plans, und ihr seid die bereitwilligen Erbauer des Tempels der Wahrheit."

Der zweite Aspekt umfasst sein Verhältnis zu jedem Einzelnen. Hier ist er kein Erlöser, sondern – auch wieder – ein Lehrer. Wir müssen uns selbst retten, indem wir seine Lehren richtig anwenden. Das kann niemand für uns tun, nicht einmal Maitreya. Der Weltlehrer ist ein Retter, aber er kommt nicht, um uns zu retten. Er kommt, um zu lehren, und die Erlösung müssen wir selbst vollbringen, das ist wahr: durch die richtige Reaktion auf seine Lehren, das heißt dadurch, dass wir die Lehren zu einer dynamischen Kraft in unserem Leben werden lassen. Erlösung bedeutet Erkenntnis. Sobald Sie das Selbst werden und sind, sind Sie erlöst.

Seit 2000 Jahren verbreiten Christen, dass ein Retter in die Welt kommt, um die Menschheit von den Folgen ihrer Sünden zu erlösen. Aber es geht nicht um Sünde, sondern um Selbsttransformation. Wir verändern uns und lassen uns damit auf einen Erlösungsprozess ein. Das ist ein stufenweiser Prozess.

Wir erlösen uns, indem wir auf die Lehren reagieren und sie vor allem auf uns selbst anwenden. Wenn Sie sich die Lehren nur anhören, dann bleiben sie bloße Lehren, wie sie das zweitausend Jahre lang für Millionen Menschen waren. Die Lehren Maitreyas, die Jesus übermittelt hat, und die die Menschen gehört und in der Bibel niedergelegt haben, sind, sofern sie nicht falsch interpretiert wurden, auch heute noch immer so relevant wie damals – aber sie wurden bisher nicht praktiziert.

Wenn wir die Lehren nicht auf uns anwenden, wenn sie nicht eine dynamische Kraft in uns entfalten und damit Veränderungen hervorrufen, werden wir auch nicht gerettet. Richtig angewandt, täglich, wöchentlich, jährlich, verändern uns die Lehren mit der Zeit. Wir kommen unserer Seele näher, wir nehmen immer mehr Energie und immer mehr Licht von der Seele in uns auf. Damit bringen wir mehr subatomare Energie in unsere Körper, die wir dadurch verändern, allmählich vergeistigen und vervollkommnen. Darin besteht unsere Selbsterlösung – indem wir zum Ebenbild der Seele werden.

Die Seele will sich durch ihren Träger, den Mann oder die Frau, manifestieren, aber er muss auf die Lehren ansprechen. Darum kommt der Lehrer, um uns wieder an die Gesetze zu erinnern: das Gesetz des Karmas, das Gesetz der Wiedergeburt, das Gesetz des Nichtverletzens. Wir müssen diese Gesetze in unserem Leben richtig, dynamisch anwenden und sie nicht nur als eine Idee im Kopf bewahren, die aber ansonsten nichts bewirkt. Wenn sie bloß Erinnerung bleibt, kann sie nichts bewirken. Wir müssen sie tatsächlich anwenden und sie zur „Hefe" machen, die uns verändern kann. Sie gibt uns Auftrieb und verändert uns. Sie müssen sich den Lehren entsprechend ändern.

Es geht nicht um Erkenntnis an sich, sondern um eine instinktive Resonanz auf die Dynamik dieser Lehren. Es geht um einen Prozess – nicht nur um Worte, nicht nur um Predigten; nicht nur um etwas, an das man sich erinnern sollte. Es spielt keine Rolle, ob Sie sich an die Worte erinnern. Was zählt ist, dass es ein aktiver Prozess in Ihrem Leben wird, der Sie von Erkenntnis zu Erkenntnis, von Einweihung zu Einweihung führt und letztendlich zur Vollkommenheit. Das bedeutet, erlöst zu werden, und das kann niemand vollbringen außer man selbst.

Maitreya auf dem Weg in die Öffentlichkeit

von Meister —, durch Benjamin Creme

Die Rückkehr Maitreyas in das öffentliche Leben ist so gut wie abgeschlossen. Seine sichtbare Arbeit in der Welt wird wirklich sehr bald beginnen. Dann folgt eine Phase des Lehrens, in der sein Bekanntheitsgrad weltweit immer mehr zunehmen wird. Wie lange dies dauern wird, ist noch ungewiss, es dürfte aber relativ schnell gehen. Am Anfang wird er mit seinen Ansichten und der Art seiner Ratschläge natürlich auf Widerstand stoßen. Aber das ist auch zu erwarten, weil seine Ideen sich grundlegend von der vorherrschenden Denkweise unterscheiden. Allmählich jedoch wird er mit seinem Scharfsinn die Vorbehalte überwinden und die Mängel der heutigen Einstellung zur Umwelt und der gängigen sozialen, wirtschaftlichen und politischen Vorstellungen aufdecken. Die Logik und die Besonnenheit seiner Aussagen werden viele überzeugen und motivieren, ihm zuzuhören und weiter darüber nachzudenken, während sein Strahl die Herzen von Millionen erreicht und bewirkt, dass seine einfachen Worte sich als Wahrheit offenbaren. Niemand kennt bisher die Macht seiner Liebe, und kein Mensch kann die unergründliche Weisheit ermessen, die Maitreya besitzt.

Wenn Millionen sich ihm anschließen und für Frieden und Gerechtigkeit durch Teilen und Verständigungsbereitschaft demonstrieren, wird die Welt aufgerüttelt und wieder Hoffnung gewinnen und Sehnsucht nach Brüderlichkeit und menschlich richtigen Beziehungen verspüren. Die Menschen werden Veränderungen in bisher unbekannten Dimensionen verlangen. Die Regierenden und Mächtigen werden gezwungen sein, diesen Forderungen nachzukommen, und dann wird das ganze Gebäude, das den Wandel bisher verhindert hat, unter dem Ansturm einer gestärkten und verantwortlichen öffentlichen Meinung Stück für Stück zusammenbrechen. Durch Logik, durch eine Offenbarung und durch das Vertrauen, das seine Liebe schafft, wird Maitreya den guten Willen mobilisieren, den jeder, manchmal noch unentdeckt, im Herzen trägt.

Maitreya wird über Funk und Fernsehen Millionen von Menschen ansprechen. Alle werden Gelegenheit haben, an seinem Segen teilzuhaben, der jeden seiner Auftritte begleiten wird. Auf diese Weise können die Menschen weltweit sich mit seiner Botschaft vertraut machen und das damit verbundene Glücksgefühl erleben. Man wird viele Vermutungen über seine Identität anstellen und zahlreiche Theorien präsentieren, aber alle werden auf ihre Weise in ihm den Vorboten des Neuen sehen, der ermutigende Wahrheiten vermittelt und wegweisend ist für einen Lebensstil, der ihnen am Herzen liegt.

Natürlich werden sich einige von seinen Ideen bedroht fühlen und daher versuchen, ihn aufzuhalten, aber die Schönheit und praktische Klugheit seiner Worte werden zunehmend Menschen aller Länder inspirieren, ihn als Wortführer und Leitfigur zu sehen. So wird es sein. Sie werden ihn auffordern, sich in ihrem Namen an die ganze Welt zu wenden, und damit wird der Deklarationstag angekündigt.

Dieser Tag wird, wie kein anderer zuvor oder je danach Maitreya die Gelegenheit geben, seinen Namen und Titel bekannt zu geben und seine Ziele als Weltlehrer für das neue Zeitalter, als Leiter der geistigen Hierarchie und als derjenige vorzustellen, der von allen Religionen erwartet wird. Er wird sich als Freund und Lehrer erweisen, der für alle da ist, die seine Hilfe brauchen: als ein einfacher Mensch, der Schmerz und Leid der Menschen kennt und ihr Los lindern will, der alle bedingungslos liebt und der gekommen ist, uns den Weg zu zeigen, der Freude bringt.

Das ist der Mann, der sich jetzt an die Öffentlichkeit wenden und allen seinen Rat anbieten wird. Vielleicht haben wir das, was er sagen wird, schon einmal gehört. Jetzt aber werden wir durch seinen Segen die Bedeutung seiner Worte begreifen und danach handeln.

Share International, Januar/Februar 2007

Maitreyas Hand

Abdruck von Maitreyas Hand, den er 2001 auf einem Badezimmerspiegel in Barcelona, Spanien, manifestierte. Bei genauem Hinsehen zeigt sich, dass es sich dabei nicht um einen bloßen Handabdruck handelt, sondern um ein dreidimensionales, fotografisch detailgetreues Bild.

Wenn Sie das Foto anschauen oder Ihre Hand darauflegen und Maitreya um Heilung, Segen oder Hilfe bitten, werden – im Rahmen des karmischen Gesetzes – seine Energien angerufen und freigesetzt. Näher als in dieser Form kann Maitreya uns nicht kommen, bevor er sich am sogenannten Deklarationstag der Menschheit offiziell vorstellt.

„Auf meine Hilfe könnt ihr euch verlassen,
ihr braucht nur darum zu bitten."

Maitreya, der Weltlehrer
Botschaft 49 vom 7. November 1978

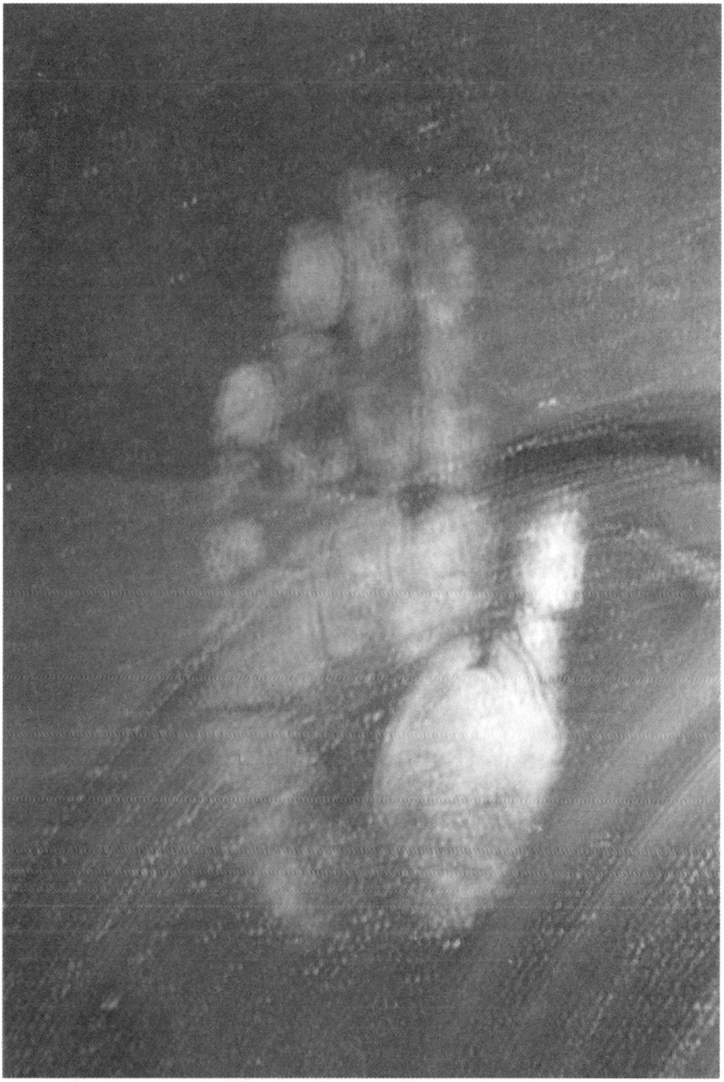

Maitreyas Hand

Die Kräfte des Lichts sammeln sich

von Meister —, durch Benjamin Creme

In vielen Gegenden der Welt spielen sich bedeutende Ereignisse ab, die bald weltweit Aufsehen erregen werden. Dazu gehören auch immer häufigere Sichtungen von Raumschiffen, die von unseren Nachbarplaneten, vor allem von Mars und Venus kommen. Ihre verstärkte und bald weithin sichtbare Aktivität ist beispiellos in der Geschichte. Auch wer sich bisher beharrlich weigerte, dieses Phänomen ernst zu nehmen, wird es schwerlich noch lange leugnen können. Die sich mehrenden Berichte über Begegnungen mit Insassen von Raumschiffen werden entscheidend zum Beweis ihrer Existenz beitragen. Diese und weitere rätselhafte Vorfälle werden in Zukunft noch zunehmen. Die unübersehbare und verwirrende Vielfalt dieser Wunder wird die Menschen in Erstaunen versetzen und sehr nachdenklich stimmen.

In dieser von Wundern erfüllten und sich wundernden Welt wird Maitreya in aller Stille mit seiner Arbeit beginnen. Man wird ihn bitten, diese Vorfälle zu erklären und, um alle Zweifel und Ängste auszuräumen, ihre Authentizität zu bestätigen. Diese außergewöhnlichen Ereignisse werden sich unvermindert fortsetzen und viele auch dazu veranlassen, das Ende der Welt zu prophezeien. Doch Maitreya wird diese Vorgänge weiterhin klar und einfach anders deuten.

Er wird die Menschen ermutigen, die erstaunliche Vielfalt des Lebens und seine Vielschichtigkeit zu entdecken, die sie bisher noch kaum ermessen können. Mit großer Behutsamkeit wird er sie nach und nach in die Grundwahrheiten unserer Existenz einführen und ihnen die Lebensgesetze erklären und warum es sinnvoll ist, sie im täglichen Leben anzuwenden. Er wird den Menschen eine Vorstellung von der Unendlichkeit unserer Galaxie vermitteln und ihnen zeigen, wie auch Erdenmenschen allmählich Raum und Zeit überwinden können. Er wird sie ermutigen, auf der Suche nach den Antworten auf ihre Probleme sowohl nach innen als auch nach außen zu schauen und sich ihre Verbindung miteinander und zum Kosmos wieder bewusst zu machen. Er wird die Menschheit an ihre lange Geschichte und an die vielen Gefahren erinnern, die sie schon gemeistert hat. Er wird den Samen des Vertrauens in eine gemeinsame glanzvolle Zukunft säen und sich für das ewige

Göttliche des Menschen verbürgen. Er wird erklären, wie der Lebenspfad, die Evolutionsreise uns unfehlbar nach oben und immer weiter führt, und dass der sicherste und erfreulichste Weg darin besteht, sich als Brüder und Schwestern gemeinsam auf die Reise zu machen. Sucht daher nach den Anzeichen für Maitreyas Rückkehr in das öffentliche Leben, berichtet euren Mitmenschen davon und bestärkt sie in ihrer Hoffnung.

Share International, März 2007

[Anmerkung des Herausgebers: Wie der Meister in diesem Artikel anschaulich beschreibt, sind noch zahlreiche weitere UFO-Sichtungen und Zeichen zu erwarten, die Maitreyas öffentlichen Auftritt ankündigen. Die Berichte und Zuschriften aus der ganzen Welt werden in der Zeitschrift *Share International* veröffentlicht.]

Kornkreise

Die Entstehung von Kornkreisen ist auf sogenannte UFO-Aktivitäten zurückzuführen. Die UFOs kommen hauptsächlich vom Mars und von der Venus, das heißt, nicht von außerhalb unseres Sonnensystems. In unserem System sind alle Planeten bewohnt, obwohl Sie, wenn Sie auf den Mars oder die Venus kämen, niemanden dort sehen würden, denn die Bewohner bestehen alle aus höherer ätherischer Materie. Das UFO-Phänomen steht in direkter Beziehung zur Wiederkehr des Christus und zur Arbeit der geistigen Hierarchie der Meister, die derzeit einen Teil ihres Aufgabenfeldes in die Außenwelt verlagern. Ihnen haben wir sehr viel zu verdanken. Die Beaufsichtigung dieses Planeten durch sie ist umfassend und von großem energetischem Nutzen für die Welt.

Mit den Kornkreisen stellen die Raumbrüder bis zu einem gewissen Grade auch das „Gitter" des Magnetfeldes der Erde auf der physischen Ebene wieder her. Jeder dieser Kornkreise ist sozusagen ein Chakra, ein Wirbel magnetischer Energie. Die Kornkreise tauchten zunächst in England auf und breiteten sich mit der Zeit über die ganze Welt aus. Es sind Ideogramme, und falls Sie mit der Ideografie des alten Atlantis vertraut sein sollten, könnten Sie einige davon wiedererkennen. Es ist aber nicht beabsichtigt, dass man ihre spezifische Bedeutung versteht, sondern dass sie überhaupt eine Bedeutung haben, was viele Menschen intuitiv begreifen. Sie sollen uns an unsere uralte Verbindung mit den Raumbrüdern erinnern.

Share International, Juli/August 1991

Straight Soley, Berkshire, GB, 20. Juli 2006 © Steve Alexander

Uffington Castle, Oxfordshire, GB, 8. Juli 2006 © Steve Alexander

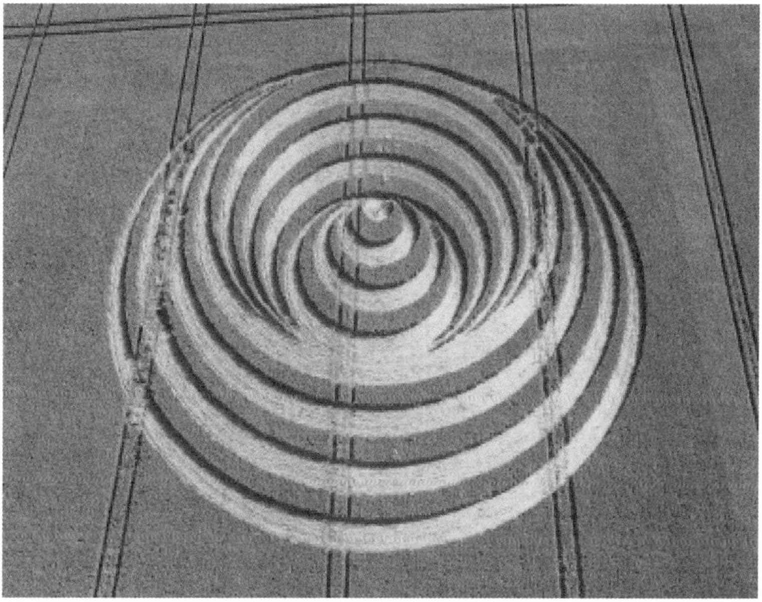

Aldbourne, Wiltshire, GB, 14. Juli 2006 © Steve Alexander

Transmissionsmeditation

Eine kurze Einführung

Eine Gruppenmeditation als dynamischer Dienst an der Welt und zur persönlichen spirituellen Entwicklung.

Transmissionsmeditation ist eine Gruppenmeditation. Sie wurde eingeführt, um die geistigen Energien von den Meistern der Weisheit unserer planetaren geistigen Hierarchie besser zu verteilen, die die Hüter dieser Energien sind. Mit dieser Meditation werden die Energien „heruntergeschaltet", das heißt transformiert, damit sie der Allgemeinheit zugänglich gemacht und von ihr genutzt werden können. Transmissionsmeditation erzeugt – in Zusammenarbeit mit der Hierarchie der Meister – einen „Wirbel" oder ein Reservoir höherer Energie zum Wohl der Menschheit.

Im März 1974 gründete Benjamin Creme unter der Leitung seines Meisters die erste Transmissionsmeditationsgruppe in London. Inzwischen gibt es weltweit Hunderte solcher Gruppen, und ständig entstehen weitere.

Mithilfe dieser Gruppen als Bindeglied kann die Hierarchie auf die Bedürfnisse der Welt reagieren. Das Grundmotiv dieser Arbeit ist der Dienst an der Welt, aber sie fördert ebenso die persönliche Entwicklung. Viele Menschen suchen nach Wegen, um einen Beitrag zur Verbesserung der Welt zu leisten. Dieser Wunsch kann sehr ausgeprägt sein, dennoch ist er in unserem geschäftigen Leben oft nur schwer zu verwirklichen. Unsere Seele sucht nach einer sinnvollen Aufgabe, aber wir reagieren nicht immer auf ihren Ruf – und dadurch kommt es in uns zu Ungleichgewicht und Konflikten. Transmissionsmeditation gibt uns die Gelegenheit, der Welt effizient zu dienen, da sie eine völlig wissenschaftliche Methode ist, die nur ein Minimum an Zeit und Energie von uns verlangt.

Benjamin Creme gibt auf der ganzen Welt Einführungen in die Transmissionsmeditation. Während der Meditation wird er von Maitreya, dem Weltlehrer, überschattet, der den Teilnehmern auf diesem Wege geistige Stärkung zukommen lässt. Viele Menschen werden durch dieses Erlebnis inspiriert, selbst mit der Transmissionsmeditation zu beginnen, und viele bestätigen auch, dass sie während der Meditation Heilung erfahren haben.

[Weitere Informationen finden Sie in dem Buch *Transmission – eine Meditation für das neue Zeitalter* von Benjamin Creme, herausgegeben von Edition Tetraeder, München.]

Die Große Invokation

Aus dem Quell des Lichts im Denken Gottes
ströme Licht herab ins Menschendenken.
Es werde Licht auf Erden.

Aus dem Quell der Liebe im Herzen Gottes
ströme Liebe aus in alle Menschenherzen.
Möge Christus wiederkommen auf Erden.

Aus dem Zentrum, das den Willen Gottes kennt,
lenke planbeseelte Kraft den kleinen Menschenwillen
zu dem Ziele, dem die Meister wissend dienen.

Durch das Zentrum, das wir Menschheit nennen,
entfalte sich der Plan der Liebe und des Lichts
und siegle zu die Tür zum Übel.

Lass Licht und Liebe und Kraft
den Plan auf Erden wiederherstellen.

Die Große Invokation wurde von Christus zum ersten Mal im Juni 1945 angewandt. Er gab sie der Menschheit, damit wir die Energien anrufen können, die die Welt verändern und die Rückkehr des Christus und der Hierarchie ermöglichen. Dieses ist nicht die Version, die der Christus selbst benutzt. Er spricht eine alte Formel in einer sehr alten Priestersprache, die sieben mystische Verse umfasst. Sie wurde (von der Hierarchie) in Worte übersetzt, die wir verstehen und anwenden können und die heute in vielen verschiedenen Sprachen in jedem Land der Welt gesprochen wird.

Gebet für das neue Zeitalter

Ich bin der Schöpfer des Universums.
Ich bin Vater und Mutter des Universums.
Alles kommt von mir.
Alles kehrt zurück zu mir.
Verstand, Herz und Körper sind meine Tempel,
worin das Selbst verwirklicht
mein höchstes Sein und Werden.

Das Gebet für das neue Zeitalter wurde von Maitreya eingeführt. Es ist ein bedeutsames Mantram, eine sogenannte Affirmation und hat invokative Wirkung. Mit der Anwendung dieses Gebets wird einem bewusst, dass Mensch und Gott eins und unteilbar sind. Das „Ich" ist das göttliche Prinzip, das hinter der ganzen Schöpfung steht. Das Selbst ist eine Emanation des göttlichen Prinzips und mit ihm identisch.

Dieses Gebet erweist sich als besonders wirksam, wenn man es mit konzentriertem Willen spricht oder „denkt" und dabei die Aufmerksamkeit im Ajnazentrum zwischen den Augenbrauen hält. Wenn sein Sinn erkannt und gleichzeitig der Wille eingesetzt wird, dann werden die formulierten Ideen aktiviert und das Mantram entfaltet seine Wirkung. Wenn man es jeden Tag ernsthaft spricht, wächst in einem allmählich das Bewusstsein für das eigentliche, wahre Selbst.

Glossar esoterischer Grundbegriffe

Ajnazentrum – Das Energiezentrum (Chakra) zwischen den Augenbrauen. Das richtungsweisende Zentrum für die Persönlichkeit. Seine Entsprechung auf der physischen Ebene ist die Hypophyse.

Antahkarana – Ein unsichtbarer Lichtkanal, der die Brücke zwischen dem physischen Gehirn und der Seele bildet und durch Meditation und Dienst aufgebaut wird.

Antichrist – Die Energie des Willensaspektes Gottes in ihrer involutionären Phase, die die alten Formen und Beziehungen, beispielsweise am Ende eines Zeitalters, zerstört, um den Weg für die aufbauenden Kräfte des Christusprinzips vorzubereiten. Im römischen Zeitalter manifestierte sie sich in Kaiser Nero und in neueren Zeiten in Hitler und sechs seiner Anhänger.

Aschram – Gruppe eines Meisters. In der geistigen Hierarchie gibt es 49 Aschrams, sieben Haupt- und 42 Nebenaschrams, denen jeweils ein Meister der Weisheit vorsteht.

Astralebene – Die Ebene der Emotionen, einschließlich der polaren Gegensätze wie Hoffnung und Furcht, sentimentale Liebe und Hass, Glück und Leid. Die Ebene der Verblendung.

Astrale Polarisierung – Der Fokus des Bewusstseins befindet sich auf den astralen Ebenen. Bei der ersten, der lemurischen Rasse ging es darum, das Bewusstsein auf der physischen Ebene zu vervollkommnen. Das Ziel der atlantischen Rasse bestand in der Vervollkommnung des astral-emotionalen Bewusstseins. Die meisten Menschen sind heute noch auf der astralen Ebene polarisiert. Siehe auch *mentale Polarisierung*.

Astralkörper – Emotionaler Träger eines Menschen

Ätherische Ebenen – Vier stoffliche Ebenen, die noch feiner als gasförmig sind. Für die meisten Menschen sind sie noch nicht sichtbar.

Ätherkörper – Der feinstoffliche Körper, das energetische Äquivalent zum physischen, das heißt grobstofflichen Körper, das sich aus sieben Hauptzentren (Chakren) und 42 Nebenzentren zusammensetzt. Es bildet ein Netzwerk, das alle Zentren und winzigen Energiefäden (Nadis) verbindet und mit jedem Teil des Nervensystems zusammenhängt. Blockaden im Ätherkörper können physische Krankheiten auslösen.

Avatar – Ein geistiges Wesen, das immer dann „herabsteigt", wenn die Menschheit in ihrer Not danach ruft. Es gibt menschliche, planetare und kosmische Avatare. Letztere würde man als „göttliche Inkarnationen" bezeichnen. Wenn ihre Lehre richtig verstanden und schrittweise von der Menschheit umgesetzt wird, erweitert dies unser Verständnis und offenbart die nächsthöhere Stufe der menschlichen Entwicklung.

Avatar der Synthese – Ein großes kosmisches Wesen, das die Energien des Willens, der Liebe, der Intelligenz sowie eine weitere Energie verkörpert, für die wir noch keinen Namen haben. Seit 1940 sendet er diese Energien in die Welt, mit denen nach und nach Uneinigkeit in Einigkeit umgewandelt wird.

Böse, das – Alles, was die evolutionäre Entwicklung behindert.

Buddha – Letzter Avatar des Widder-Zeitalters. Vorheriger Weltlehrer, der sich um 500 vor Christus durch den Prinzen Gautama manifestierte. Die Verkörperung der Weisheit. Zurzeit fungiert er als „göttlicher Mittler" zwischen Shamballa und der Hierarchie. Die Buddhisten erwarten ihren nächsten großen Lehrer unter dem Namen Maitreya-Buddha.

Buddhi – Die Universalseele oder das universale Denken; die höhere Vernunft; liebevolles Verständnis; Liebe-Weisheit. Die Liebesenergie, wie sie von den Meistern erlebt wird.

Buddhische Ebene – Ebene göttlicher Intuition

Chakren – Energiezentren (Wirbel) im Ätherkörper im Bereich der Wirbelsäule mit Bezug zu den sieben wichtigsten endokrinen Drüsen. Sie sind zuständig für die Koordination und Vitalisierung aller Körper (mental, astral und physisch) und deren Wechselbeziehung mit der Seele, dem Hauptzentrum des Bewusstseins. Es gibt sieben große und 42 kleinere Zentren.

Christus – Bezeichnung für das Amt des Oberhauptes der geistigen Hierarchie; der Weltlehrer; der Meister aller Meister. Derzeitiger Amtsträger ist Lord Maitreya.

Christusbewusstsein – Die Energie des kosmischen Christus, auch Christusprinzip genannt. Es wird durch Christus verkörpert. Gegenwärtig erwacht es in den Herzen von Millionen Menschen auf der ganzen Welt. Die Evolutionsenergie schlechthin.

Deklarationstag – Der Tag, an dem sich Maitreya der Welt in einer weltweiten Radio- und Fernsehübertragung zu erkennen geben wird. Auch Menschen, die nicht zuhören oder zuschauen, werden seine Worte telepathisch in ihrer eigenen Sprache hören, und gleichzeitig werden Tausende von Spontanheilungen auf der ganzen Welt stattfinden. Der offizielle Beginn von Maitreyas Mission in der Welt.

Deva – Engel oder himmlisches Wesen, das einem sich parallel zur Menschheit entwickelnden Naturreich angehört. Dieses erstreckt sich von den subhumanen Elementarwesen bis zu übermenschlichen Wesen auf der gleichen Stufe wie etwa ein planetarer Logos. Sie sind „die aktiven Erbauer", sie arbeiten intelligent mit der Materie und erschaffen so alle für uns sichtbaren Formen, einschließlich der Mental-, Emotional- und physischen Körper der Menschheit.

Dreieck – Eine Gruppe von drei Menschen, die sich jeden Tag in Gedanken für einige Minuten schöpferischer Meditation verbinden.

Ebene – Manifestationsstufe

Einweihung – Ein freiwilliger Prozess, bei dem in stufenweise aufeinanderfolgenden Phasen Einswerdung und Einssein des inkarnierten Menschen und seiner Seele mit der göttlichen Monade oder „dem Funken Gottes" entsteht. Jede Phase verleiht dem Eingeweihten ein tieferes Verständnis für Sinn und Absicht des göttlichen Plans, größere Erkenntnis seiner Rolle in diesem Plan und eine zunehmende Fähigkeit, bewusst und intelligent an seiner Erfüllung zu arbeiten.

Energie – Aus esoterischer Sicht besteht das gesamte manifestierte Universum aus nichts anderem als Energie. Energie schwingt in unterschiedlichen Frequenzen, und die jeweilige Frequenz bestimmt die Form, die die Energie annehmen wird. Energie spricht auf Gedanken an und kann von ihnen gelenkt werden.

Esoterik – Die Philosophie des Evolutionsprozesses der Menschheit und der niederen Naturreiche. Die Wissenschaft der gesammelten Weisheit aus Jahrtausenden. Sie bietet eine systematische und umfassende Darstellung der energetischen Struktur des Universums sowie der Rolle des Menschen darin. Sie beschreibt die Kräfte und Einflüsse hinter der Welt der Phänomene sowie den Prozess der Bewusstwerdung und Meisterung dieser Kräfte.

Evolution – Der Prozess der Vergeistigung der Materie; der Weg zurück zum Ursprung. Das Lüften des Schleiers der Illusionen und Täuschungen, was schließlich zu kosmischem Bewusstsein führt.

Geist – Für Maitreya steht dieser Begriff für die gesamten Energien – die Lebenskraft –, die den Menschen beleben und aktivieren. Wird auch als esoterischer Begriff für die Monade verwendet, die sich in der Seele widerspiegelt.

Geist des Friedens oder Gleichgewichts – Ein kosmisches Wesen, das Maitreya in seiner Arbeit unterstützt, indem es ihn mit seiner Energie überschattet. Er arbeitet eng mit dem Gesetz von Aktion und Reaktion zusammen, um die gegenwärtigen chaotischen Zustände in ihr genaues Gegenteil zu verwandeln.

Geistig (spirituell) – Die Qualität jeder Aktivität, die den Menschen zu einem physischen, emotionalen, intuitiven oder sozialen Entwicklungsschritt beflügelt und ihn aus seinem gegenwärtigen Zustand herausführt und ihn weiterbringt.

Geistige Hierarchie (Weiße Bruderschaft, Gesellschaft der Erleuchteten Denker) – Das Reich Gottes, das geistige Reich oder das Reich der Seelen, das aus den Meistern und Eingeweihten aller Grade besteht, deren Ziel es ist, den Plan Gottes zu verwirklichen. Das planetare Zentrum der Liebe-Weisheit.

Gesetz der Wiedergeburt – siehe *Reinkarnation*

Gesetz von Ursache und Wirkung (Gesetz von Aktion und Reaktion) – siehe *Karma*

Gott (siehe auch *Logos*) – Das große kosmische Wesen, das diesen Planeten beseelt und alle Gesetze und alle von diesen Gesetzen regierten Energien verkörpert und damit alles darstellt, was wir sehen und nicht sehen können.

Große Invokation – Eine uralte Formel, die von der Hierarchie für den menschlichen Gebrauch übersetzt wurde, um Energien, die unsere Welt verändern können, anzurufen. Sie wurde in viele Sprachen übersetzt und wird täglich von Millionen Menschen benutzt.

Guru – Geistiger, spiritueller Lehrer

Herr der Welt – siehe *Sanat Kumara*

Hierarchie – siehe *geistige Hierarchie*

Hierophant – Der Einweihende. Entweder Christus bei den ersten beiden planetaren Einweihungen oder der Herr der Welt ab der dritten Einweihung.

Illusion – Täuschung auf der Mentalebene. Die Seele, deren Instrument das Denken ist, erhält, wenn dieses verblendet ist, ein verzerrtes Bild der Welt der Phänomene.

Imam Mahdi – Der Prophet, dessen Rückkehr von einigen islamischen Glaubensgemeinschaften erwartet wird, damit er die von Mohammed begonnene Arbeit vollenden kann.

Inkarnation – Die Manifestation der Seele als dreifältige Persönlichkeit, sie unterliegt dem Gesetz der Wiedergeburt.

Involution – Der Prozess, in dem sich der Geist in seinen Gegenpol, die Materie, herabbegibt.

Jesus – Ein Meister der Weisheit und Jünger des Christus, Maitreyas. Mit seiner Zustimmung wirkte Christus durch ihn in der Zeit von seiner

Taufe bis zur Kreuzigung. Er wird in der kommenden Zeit eine führende Rolle spielen und dem christlichen Glauben neue Impulse und eine andere Wendung geben. Als „Meister Jesus" arbeitet er eng mit Maitreya zusammen und zeigt sich den Menschen in unterschiedlicher Gestalt.

Karma – Der im Osten gebräuchliche Name für das Gesetz von Ursache und Wirkung. Das grundlegende Gesetz, dem unsere Existenz in diesem Sonnensystem unterworfen ist. Jeder Gedanke, jede Tat von uns setzt eine Ursache in Bewegung. Diese Ursachen haben Wirkungen, die unser Leben zum Guten oder Schlechten wenden. In der Bibel heißt es: „Was du säst, das wirst du ernten." In den Naturwissenschaften: „Auf jede Aktion folgt eine gleichwertige und entgegengesetzte Reaktion."

Kausalebene – Die dritte der vier höheren Mentalebenen, auf der sich die Seele aufhält.

Kausalkörper – Dient der Seele auf der Kausalebene als Manifestationskörper. Der „Behälter", der das Bewusstsein für den jeweiligen Evolutionsgrad der eigenen Entwicklung speichert.

Kräfte der Finsternis (Kräfte des Bösen, Kräfte der Stofflichkeit) – Die involutionären oder materialistischen Kräfte, die den Materieaspekt des Planeten aufrechterhalten. Wenn sie ihre Befugnisse überschreiten und den geistigen Fortschritt der Menschheit behindern, werden sie als „böse" bezeichnet.

Kräfte des Lichts (Kräfte der Evolution) – Die geistige Hierarchie unseres Planeten. Das planetare Zentrum der Liebe und Weisheit.

Krishna – Ein großer Avatar, der um 3000 vor Christus erschien und sich Lord Maitreya zur Verfügung stellte, der sich während des Widder-Zeitalters in ihm manifestierte. Krishna demonstrierte, wie notwendig es ist, Kontrolle über den astralen-emotionalen Bereich zu gewinnen und öffnete damit das Tor für die zweite Einweihung. Die Hindus erwarten eine neue Inkarnation Krishnas gegen Ende des Kali Yuga, des dunklen Zeitalters.

Logos – Gott. Das kosmische Wesen, das einen Planeten beseelt (planetarer Logos), ein Sonnensystem (solarer Logos oder Sonnenlogos), eine Galaxie (galaktischer Logos) und so weiter, bis zur Unendlichkeit.

Maitreya – Der Weltlehrer für das Wassermann-Zeitalter. Der Christus, das Oberhaupt der geistigen Hierarchie unseres Planeten. Der Meister aller Meister.

Manas – Höheres Denken

Mann/Frau – Die physische Manifestation einer geistigen Monade (des Selbst oder höheren Ich), sie ist ein einzelner Funke des einen, unteilbaren Geistes (Gott).

Mantram – Eine Formel oder Anordnung von Worten oder Silben, die, wenn sie richtig intoniert wird, Energien hervorruft.

Meditation – Wissenschaftliches Verfahren zur Kontaktaufnahme und allmählichen Einswerdung mit der eigenen Seele. Ebenso der Prozess des sich Öffnens, das heißt, offen zu sein für geistige Eindrücke und damit für eine Kooperation mit der geistigen Hierarchie.

Meister der Weisheit – Menschen, die sich bereits der fünften Einweihung unterzogen haben. Sie haben alle Erfahrungen durchlaufen, die das Leben in dieser Welt bietet und dabei vollkommene Meisterschaft über sich selbst und die Naturgesetze erlangt. Sie sind die Hüter des Evolutionsplans und aller Energien, die auf diesen Planeten einwirken und die Erfüllung des Plans vollbringen.

Mentalebene – Die Denkebene, auf der die mentalen Prozesse stattfinden.

Mentale Polarisierung – Der Fokus des Bewusstseins befindet sich auf der mentalen Ebene. Die Verlagerung des Bewusstseins auf die mentale Ebene beginnt etwa zwischen der ersten und zweiten planetaren Einweihung.

Mentalkörper – Der Träger der Persönlichkeit auf der Mentalebene.

Monade/das Selbst oder höhere Ich – Reiner Geist, der die göttliche Dreifaltigkeit widerspiegelt: (1) göttlicher Wille oder Macht (Vater); (2) Liebe-Weisheit (Sohn); (3) aktive Intelligenz (Heiliger Geist). Der

„Funke Gottes", der in jedem menschlichen Wesen wohnt.

Okkult – Verborgen; die verborgene Wissenschaft der Energie (siehe *Esoterik*).

Permanente Atome – Die drei Atome der Materie (ein physisches, ein astrales und ein mentales), um die herum die Körper für eine neue Inkarnation aufgebaut werden. Sie speichern die Schwingungsfrequenz des Menschen zum Zeitpunkt des Todes und garantieren dafür, dass der bis dahin errungene energetische „Evolutionsstand" in das jeweils darauffolgende Leben übertragen wird.

Persönlichkeit – Dreifacher Träger der Seele auf der physischen Ebene, der aus einem mentalen, einem emotionalen (astralen) und einem physischen (fein- und grobstofflichen) Körper besteht.

Physische Ebene – Stofflicher Zustand mit der niedrigsten Schwingung, inklusive grobstofflicher, flüssiger, gasförmiger und ätherischer, also feinstofflicher Materie.

Planetarer Logos – Göttliches Wesen, das einen Planeten beseelt.

Pralaya – Ein nicht mentaler, nicht astraler, nicht materieller Seinszustand irgendwo zwischen Tod und Wiedergeburt, in dem der Lebensimpuls ruht. Eine Erfahrung vollkommenen Friedens und unendlicher Glückseligkeit, bevor man sich in die nächste Inkarnation begibt. Entspricht der christlichen Vorstellung vom Paradies.

Reinkarnation (Gesetz der Wiedergeburt) – Der Prozess, der es Gott möglich macht, sich durch einen „Mittler" (durch uns) herabzubegeben und in seinen Gegenpol – die Materie – einzubringen, um dann die nun ganz von der göttlichen Natur durchdrungene Materie wieder in sich aufzunehmen. Das Gesetz des Karmas zieht uns immer wieder in die Inkarnation zurück, bis wir allmählich durch den Evolutionsprozess unsere angeborene Göttlichkeit immer wahrhaftiger manifestieren können.

Sanat Kumara – Der Herr der Welt; er ist die ätherische, feinstoffliche Verkörperung unseres planetaren Logos; sein Sitz ist in Shamballa.

Ein großes Wesen, das ursprünglich von der Venus stammt und vor 18,5 Millionen Jahren das Opfer auf sich nahm, zum Persönlichkeitsträger für die unseren Planeten beseelende Gottheit zu werden. Derjenige Gottesaspekt, den wir am ehesten erkennen können.

Schwingung – Energiebewegung. Jede Energie schwingt auf einer eigenen, spezifischen Frequenz. Der Evolutionsprozess vollzieht sich durch Erhöhung der Schwingungsfrequenz als Antwort auf das Einströmen höherer Energien.

Seele (Ego, Selbst, höheres Ich, innerer Herrscher, Christus in uns, Sohn des Denkens, Sonnenengel) – Das verbindende Prinzip zwischen Geist und Materie; zwischen Gott und seiner Form. Verleiht allen Manifestationen in der Form Bewusstsein, Charakter und Qualität.

Selbst/Monade – Der göttliche Funke in jedem menschlichen Wesen.

Selbstverwirklichung – Der Entwicklungsprozess, in dem wir unsere göttliche Natur erkennen und entfalten.

Shamballa – Energiezentrum; das Hauptzentrum des Planeten. Es liegt über der Wüste Gobi auf den zwei höchsten ätherischen Ebenen. Von diesem und durch dieses Zentrum ergießt sich die Shamballakraft, die Energie des Willens oder der Absicht. Es entspricht dem Scheitelzentrum (Chakra).

Sonnenlogos – Göttliches Wesen, das unser Sonnensystem beseelt.

Strahlen – Die sieben Ströme der universalen göttlichen Energie. Jeder ist Ausdruck einer großen lebensspendenden Kraft. Ihre Interaktion in jeder nur denkbaren Frequenz erschafft Sonnensysteme, Galaxien und Universen. Die Bewegung dieser Energien in spiralförmigen Zyklen zieht alle Wesen in die Manifestation hinein oder aus ihr heraus und färbt und sättigt sie mit spezifischen Qualitäten und Attributen.

Strahlen von Ländern – Jede Nation wird von zwei Strahlen bestimmt, dem Seelenstrahl, der von den Eingeweihten und Jüngern einer Nation erspürt und zum Ausdruck gebracht wird, und dem Persönlichkeitsstrahl, der den Einfluss und Ausdruck der Massen repräsentiert. Von Zeit zu

Zeit wird durch das Wirken der Eingeweihten und Jünger eines Landes der Seelenstrahl spürbar, sodass die wirklichen Qualitäten dieses Landes in Erscheinung treten.

Träger (Instrument, Vehikel) – Die Form, deren sich höhere Wesen bedienen müssen, um sich auf den niederen Ebenen manifestieren zu können. Die physischen, astralen und mentalen Körper beispielsweise bilden die Träger für die Seele auf den niederen Ebenen.

Transmissionsmeditation – Eine Gruppenmeditation mit der Absicht, die von der geistigen Hierarchie der Meister ausgestrahlten geistigen Energien „herunterzustufen" (zu transformieren), um sie der Allgemeinheit zur Verfügung zu stellen. Auf diese Art wird ein „Wirbel" oder eine Ansammlung von höheren Energien zum Wohle der Menschheit geschaffen. Transmissionsmeditation ist eine einfach zu praktizierende Form des Dienstes und gleichzeitig eine wirkungsvolle Methode, um persönlich zu wachsen. Es gibt Hunderte von Transmissionsgruppen auf der ganzen Welt.

Überschattung – Ein freiwilliger Prozess der Zusammenarbeit, bei dem das Bewusstsein eines Meisters zeitweilig in den physischen, emotionalen oder mentalen Körper eines Jüngers eintritt und durch ihn arbeitet.

Verblendung – Illusion auf der Astralebene. Der Zustand, in dem das Denken von emotionalen Impulsen aus den Astralebenen verschleiert und damit daran gehindert wird, die Realität klar zu erkennen. Beispiele: Furcht, Selbstmitleid, Kritik, Argwohn, Selbstgerechtigkeit, Überbewertung der Stofflichkeit.

Wassermann – Astronomisch gesehen das Wassermann-Zeitalter, das jetzt beginnt und ungefähr 2350 bis 2500 Jahre dauern wird. Als esoterischer Begriff steht er für den Wasserträger, das Zeitalter von Maitreya und die geistige Wassermann-Energie der Synthese und Brüderlichkeit.

Weltlehrer – Das Oberhaupt der geistigen Hierarchie in jedem beliebigen Zyklus. Der Meister aller Meister. Das Amt hat gegenwärtig Lord Maitreya inne.

Yoga – Die Vereinigung der niederen mit der höheren Natur. Auch unterschiedliche Formen und Techniken, um Kontrolle über den physischen, astralen oder mentalen Körper zu erlangen.

Zeitalter – Weltzyklus von etwa 2500 Jahren, der von der Beziehung zwischen Erde, Sonne und den Konstellationen des Tierkreises bestimmt wird.

Zeitlose Weisheit – Alte geistige Lehre, auf der alle Weltreligionen sowie alle wissenschaftlichen, sozialen und kulturellen Errungenschaften beruhen. Sie wurde zum ersten Mal der allgemeinen Öffentlichkeit gegen Ende des 19. Jahrhunderts mit den Schriften von Helena Petrovna Blavatsky zugänglich gemacht und in diesem Jahrhundert von Alice A. Bailey, Helena Roerich und Benjamin Creme.

Bücher von Benjamin Creme

Maitreya – Christus und die Meister der Weisheit
Benjamin Cremes erstes Werk liefert die Grundinformationen über die Wiederkehr des Christus und deren Auswirkung auf die bestehenden Institutionen; über den Antichrist und die Kräfte des Bösen, die Seele und Reinkarnation, Meditation, Telepathie, Kernenergie, Ufos, alte Zivilisationen und die Notwendigkeit einer neuen Wirtschaftsordnung.
ISBN 978-3-932400-00-1, 273 Seiten, EUR 13,- / Fr. 22,70

Maitreyas Mission, Band Eins
Der Weltlehrer Maitreya; seine Arbeit und seine Lehren, das Leben im neuen Zeitalter, Evolution und Einweihung, Meditation und Dienst, Heilen und gesellschaftliche Veränderungen, die Meister der Weisheit und ihr Schritt in die Öffentlichkeit, die Sieben Strahlen sowie Strahlenstrukturen von über 600 bedeutenden historischen Persönlichkeiten.
ISBN 978-3-932400-02-5, 396 Seiten, EUR 16,- / Fr. 27,50

Maitreyas Mission, Band Zwei
Maitreyas geistige Lehren und seine Voraussagen; weltweite Zeichen und Wunder; Interviews mit einem Meister der Weisheit zum Zeitgeschehen und Vorträge von Benjamin Creme zu Themen wie Meditation, Bewusstseinswachstum, Psychologie, Dienst an der Welt, Gesundheit, Umwelt, Wissenschaft und Technik im neuen Zeitalter, sowie weitere Strahlenstrukturen.
ISBN 978-3-932400-03-2, 710 Seiten, 8 Farbabb., EUR 20,- / Fr. 33,80

Maitreyas Mission, Band Drei
Maitreyas Prioritäten für die Zukunft, Interviews mit einem Meister der Weisheit über die Herausforderungen des 21. Jahrhunderts; Karma und Wiedergeburt, der Ursprung der Menschheit, neue Erziehung und Architektur, Meditation und Dienst, der Evolutionsplan und andere grundlegende Konzepte der zeitlosen Weisheit.
ISBN 978-3-932400-08-7, 643 Seiten, EUR 20,- / Fr. 33,80

Transmission – eine Meditation für das neue Zeitalter
Dieses Buch bietet eine Übersicht über die Wissenschaft der Energieübermittlung, wie sie auf diesem Planeten seit über 18 Millionen Jahren besteht. Es gibt Anleitungen zur Bildung von Transmissionsgruppen und detaillierte Antworten auf viele diesbezügliche Fragen.
ISBN 978-3-932400-07-0, 188 Seiten, EUR 9,- / Fr. 16,-

Botschaften von Maitreya – dem Christus
In den Jahren der Vorbereitung seiner Wiederkehr übermittelte Maitreya Benjamin Creme 140 Botschaften. Sie wollen den Leser dazu inspirieren, die Nachricht seiner Wiederkehr zu verbreiten und sich für die Millionen Menschen einzusetzen, die in einer Welt des Überflusses hungern müssen.
ISBN 978-3-932400-06-3, 287 Seiten, EUR 12,- / Fr. 21,10

Lehren der zeitlosen Weisheit
Dieses Buch will Verständnis wecken für das geistige Vermächtnis der Menschheit und bietet eine sorgfältige und leicht verständliche Einführung in die zeitlosen Weisheiten, die allen geistigen Lehren jeder Richtung zugrunde liegen.
ISBN 978-3-932400-05-6, 74 Seiten, EUR 5,- / Fr. 9,-

Die große Annäherung
Dieses Buch beschreibt die Probleme unserer chaotischen Welt und ihre allmähliche Transformation unter dem Einfluss einer Gruppe vollkommener Menschen, der Meister der Weisheit, die jetzt erstmals seit 98.000 Jahren in das Alltagsleben zurückkehren. In einer außergewöhnlichen Synthese von Erkenntnissen malt es zukünftige Entwicklungen aus; mit visionärem Weitblick werden geistige Errungenschaften beschrieben, die einmal zu den erstaunlichsten wissenschaftlichen Entdeckungen führen werden. Es zeigt eine Welt, in der Kriege der Vergangenheit angehören – eine Welt, die die Bedürfnisse aller Menschen erfüllt.
ISBN 978-3-932400-09-4, 300 Seiten, 12 Farbabb., EUR 14,- / Fr. 24,40

Die Kunst der Zusammenarbeit
Das zehnte Buch von Benjamin Creme zeigt, wie die Menschheit am uralten Konkurrenzkampf festhält und ihre Probleme mit alten, überholten Methoden zu bewältigen versucht, während die Lösung – Zusammenarbeit – viel einfacher ist. Dieser Band weist den Weg in eine bessere Welt – eine Welt, in der Gerechtigkeit, Freiheit und Frieden herrschen können, wenn wir uns der Einheit, die allem Leben innewohnt, bewusst werden. Die Anwesenheit des Weltlehrers Maitreya und seiner Gruppe der Meister der Weisheit wird uns zu dieser wachsenden Erkenntnis inspirieren.
ISBN 978-3-932400-10-0, 240 Seiten, 8 Farbabb., EUR 14,- / Fr. 24,40

Die Kunst zu leben
In diesem Buch betrachtet Benjamin Creme das Leben als eine Kunst wie die Malerei oder die Musik. Um darin einen hohen Grad an Ausdruckskraft zu erreichen, sind die Kenntnis und die Beachtung einiger fundamentaler Gesetze wichtig. Die Kunst zu leben besteht darin, dass wir das große

Gesetz von Ursache und Wirkung und das damit verbundene Gesetz der Wiedergeburt verstehen lernen und dadurch eine friedfertige Grundhaltung entwickeln. Sie ist die Voraussetzung für ein glückliches, erfülltes persönliches Leben, für richtige zwischenmenschliche Beziehungen und weist der Menschheit auf ihrer Evolutionsreise den richtigen Weg.
ISBN 978-3-932400-11-7, 192 Seiten, EUR 10,- / Fr. 18,50

Worte eines Meisters
Der britische Künstler Benjamin Creme, Chefredakteur der Zeitschrift *Share International*, ist Jünger eines Meisters der Weisheit und steht mit ihm in engem telepathischem Kontakt. Seit der ersten Ausgabe hat dieser Meister regelmäßig anregende und lehrreiche Artikel zu einer großen Bandbreite von gesellschaftlich relevanten und aktuellen Themen verfasst: eine neue Zivilisation, Vernunft und Intuition, Gesundheit und Heilung, Synthese ist eine Notwendigkeit, die Kunst zu leben, Gerechtigkeit ist göttlich, der Menschensohn, Menschenrechte, das Gesetz der Wiedergeburt, das Ende des Hungers, Teilen für den Frieden, Zusammenarbeit, die Stimme des Volkes, die Zukunft ist gesichert – und viele weitere. Dieses Buch enthält alle 223 Meister-Artikel aus den ersten 22 Jahrgängen von *Share International.*
ISBN 978-3-932400-04-9, 464 Seiten, EUR 17,- / Fr. 30,90

Erschienen bei Edition Tetraeder. Alle Bücher sind im Buchhandel erhältlich. Sie wurden von Gruppen, die die Verbreitung dieser Information unterstützen, in vielen verschiedenen Sprachen veröffentlicht, unter anderem auf Arabisch, Chinesisch, Französisch, Hebräisch, Italienisch, Japanisch, Niederländisch, Rumänisch, Russisch, Schwedisch und Spanisch. Weitere Übersetzungen sind geplant.

Share International

Ein Aufruf zum Teilen

Die Zeitschrift *Share International* bringt regelmäßig neue Informationen über den Weltlehrer Maitreya, einen Beitrag von einem Meister der Weisheit, weiterführende Erläuterungen der esoterischen Lehren, Beiträge und Interviews von Fachleuten zu verschiedenen Themen wie: Beseitigung von Hunger und Armut, gesellschaftliche und wirtschaftliche Veränderungen, Politik, Frieden und Menschenrechte, Naturwissenschaften und Medizin, Psychologie und Bildung, Nachrichten über UN-Aktivitäten und über positive Entwicklungen bei der Transformation unserer Welt sowie eine Rubrik, in der Benjamin Creme regelmäßig auf Leserzuschriften zu diesen Themen eingeht.

Share International vereint die beiden vorwiegenden Denkrichtungen des neuen Zeitalters – die politische und die spirituelle, das heißt die geistige Denkweise. Die Zeitschrift weist auf die Synthese hin, die den heute weltweit zu beobachtenden politischen, sozialen, ökonomischen und geistigen Veränderungen zugrunde liegt; und sie sucht zu praktischem Handeln und Mitarbeit bei der Umgestaltung der Welt anzuregen – im Sinne von mehr Gerechtigkeit und Mitgefühl.

Share International befasst sich mit Nachrichten, Ereignissen und Kommentaren, die einen Bezug zu Maitreyas Prioritäten haben: ausreichende, gute Ernährung und angemessene Wohnverhältnisse für alle sowie Gesundheitsfürsorge und Bildung als universelles Recht und die Erhaltung des ökologischen Gleichgewichts in der Welt.

Share International erscheint zehnmal im Jahr im DIN-A5-Format mit jeweils 30 bis 40 Seiten. Jahresabonnement Euro 33,-/Fr. 62,-

Info und Bestellung:
Edition Tetraeder, Postfach 20 07 01, D-80007 München
Share Schweiz, Abodienst, Erlenstraße 45, CH-8408 Winterthur

www.shareinternational-de.org

Über den Autor

Der britische Künstler und Esoteriker Benjamin Creme hat in den letzten 35 Jahren die Welt auf das bedeutendste Ereignis in der Geschichte der Menschheit vorbereitet – auf die Rückkehr unserer geistigen Mentoren in unsere Alltagswelt.

Benjamin Creme war bereits vielfach zu Gast in internationalen Fernseh- und Rundfunksendungen, und auch in Dokumentarfilmen ist über ihn berichtet worden. Er hat weltweit zahllose Vorträge gehalten, unter anderem in Europa, in den USA, in Japan, Australien, Neuseeland, Kanada und Mexiko.

1974 begann er mit seiner öffentlichen Arbeit, für die er über viele Jahre hinweg von seinem Meister geschult wurde. 1982 gab Benjamin Creme bekannt, dass der lang erwartete Weltlehrer Maitreya in London lebt und bereit ist, sich öffentlich vorzustellen, wenn die Medien ihn dazu einladen. Dieses Ereignis steht jetzt unmittelbar bevor.

Benjamin Creme setzt seine Aufgabe als Botschafter dieser hoffnungsvollen Nachricht auch weiterhin fort. Seine Bücher – bisher sind es dreizehn – wurden in zahlreiche Sprachen übersetzt. Er ist zudem Herausgeber der Zeitschrift *Share International*, die in über 70 Ländern gelesen wird. Für all diese Arbeit beansprucht er kein Honorar. Benjamin Creme hat drei erwachsene Kinder und lebt mit seiner Familie in London.